I0839550

La participación y el activismo de las mujeres en l'Horta Nord (Comunitat Valenciana)

La participación y el activismo de las mujeres en l'Horta Nord (Comunitat Valenciana)

Sofía Capilla Torres

Copyright © 2024 Sofía Capilla Torres

Diseño de la cubierta: Estudio Lina Vila

Todos los derechos reservados

ISBN: 979-83-368-1681-5

*Para todas las asociaciones, coordinadoras,
grupos informales, asambleas, clubs,
lobbies de mujeres..., porque de su trabajo
y de sus logros nos beneficiamos todas.*

Con todo mi cariño,
Sofía

ÍNDICE

PRIMERA PARTE

Aproximación teórica y conceptual sobre la
participación y el activismo de las mujeres

SEGUNDA PARTE

Resultados de la investigación

AGRADECIMIENTOS

Siento un profundo agradecimiento hacia las 95 personas de las 44 asociaciones de mujeres y colectivos feministas que me han ofrecido su testimonio para la realización de esta investigación. Ninguna de ellas dudó, ni por un momento, en dedicarme su tiempo y en abrirme su corazón. Me facilitaron mucha información, pero también me expusieron sus dudas, temores y reivindicaciones, mostrándome así una gran generosidad ante cada una de mis preguntas. Gracias, también, por las meriendas.

INTRODUCCIÓN

En la comarca de l'Horta Nord residen 155.870 mujeres[1]. Si consideramos sólo a las mayores de 16 años, la cifra se reduce a 131.430, que son la base potencial a la que se dirigen las distintas agrupaciones de mujeres de este territorio valenciano. En él encontramos a 44 asociaciones, tanto feministas como no feministas, que agrupan a un total de 5.782 socias, lo que representa el 4,3% de las mujeres adultas de la comarca. Esta cifra, nada desdeñable, merece visibilizar su trabajo, sus objetivos, sus alianzas, sus dificultades, y todo aquello que nos permita acercarnos a los rasgos más significativos del movimiento asociativo de mujeres de la comarca, y más teniendo en cuenta que la presente investigación, cuyos resultados vas a poder leer en la segunda parte de este libro, es la primera que sobre este tema se ha realizado hasta el momento.

A esta falta de literatura sobre el movimiento amplio

---

[1] Según datos oficiales del Instituto Nacional de Estadística (INE) del año 2022.

de mujeres[2] de la comarca hay que añadir la ausencia de una base de datos que recoja la relación de los colectivos de mujeres existentes, puesto que ni en el Registro de Asociaciones de la Comunitat Valenciana ni en las páginas web de los 23 ayuntamientos que conforman l'Horta Nord se puede encontrar, de manera actualizada, esta información[3]. Estos dos hechos me resultaron muy motivadores de cara a emprender un proyecto investigador, ya que considero que el trabajo en red – del cual este libro quiere formar parte - es la herramienta más eficaz, no sólo para revertir la pérdida de derechos que las mujeres estamos sufriendo, sino también para explicar primero, y convencer después, de que otra sociedad más justa para nosotras es posible. Por ello, es necesario reunirse, establecer alianzas y poner en marcha estrategias conjuntas, y nada de esto es factible si ni siquiera conocemos las organizaciones de mujeres de los pueblos y ciudades de nuestro entorno más próximo.

Las agrupaciones de mujeres deben poder ser interlocutoras públicas, nudos de una red ciudadana que busque participar en las decisiones. Para conseguirlo, el primer paso debe necesariamente pasar por que estas entidades se den legitimidad o, dicho de otro modo, crédito político sobre sus acciones (Murillo y Rodríguez, 2003).

---

[2] El conocido como "movimiento amplio de mujeres" aglutina tanto a las agrupaciones feministas como a las que no lo son, recibiendo estas últimas el nombre de "asociaciones de mujeres" frente a las primeras, conocidas como "asociaciones feministas".

[3] En el Registro de Asociaciones de la Comunitat Valenciana no existen actualizaciones periódicas que computen las bajas que se producen. Por otra parte, pueden existir grupos con un funcionamiento efectivo que no se den de alta en los registros oficiales, hecho que haría incrementar el número de agrupaciones de mujeres. Por lo que respecta a las webs de los ayuntamientos de la comarca, encontramos casos en los que no existe información relativa al asociacionismo de mujeres y, en otros casos, dicha información no está actualizada.

Como veremos en la investigación, si bien es cierto que muchos colectivos realizan numerosas y variadas actividades, convertir éstas en una baza política resulta más difícil. ¿No es posible instrumentalizar sus acciones para establecer pactos con los poderes locales? ¿Hay una falta de voluntad en el ejercicio del poder? Por otra parte, no hay que olvidar que estamos hablando de una realidad asociativa heterogénea y compleja, puesto que nos encontramos con entidades con trayectorias ideológicas diferentes, con objetivos diversos, y con actividades y metodologías bien distintas. Aun así, podemos afirmar que siempre se da un cierto cuestionamiento de las relaciones existentes entre los sexos y una necesidad, expresada más o menos explícitamente en función del tipo de asociación al que nos refiramos, de dar solución a las injusticias que sufrimos las mujeres.

Uno de los objetivos de este estudio era conseguir realizar una radiografía, lo más completa posible, sobre la situación actual de los colectivos de mujeres, así como de las contribuciones de éstas al tejido social de la comarca y, por extensión, al de la Comunitat Valenciana y al de España. Queríamos conocer datos concretos como el número de agrupaciones que están en activo en cada uno de los municipios que integran l'Horta Nord, qué tipo de asociaciones son (culturales, deportivas, asistenciales...), qué formas de activismo practican, si son feministas o no, si colaboran entre ellas en la realización de proyectos conjuntos, cuál es su relación con la Administración local, con qué infraestructuras cuentan, o cuál es el perfil de sus socias, entre otros aspectos. Pero también queríamos recopilar información sobre sus anhelos, luchas e intereses, así como sobre los aportes que, para las socias, supone formar parte de una organización de mujeres.

Para lograrlo, hemos desarrollado un trabajo de campo que ha consistido en entrevistar a 44 de las 49[4] organizaciones de mujeres existentes en la comarca, lo que nos ha permitido, por una parte, disponer de un conocimiento global de las principales características del movimiento asociativo femenino y, por otra, conseguir una mayor visibilidad de la militancia activa de las mujeres.

Además, el estudio del asociacionismo de mujeres de la comarca de l'Horta Nord pone de manifiesto el papel de éstas como agentes sociales por su capacidad en la creación de espacios propios para la transformación de sus vidas – puesto que se constatan procesos significativos de cambio personal - y, como consecuencia, de la sociedad en su conjunto. Y es que, su mera presencia pone en cuestionamiento el orden social establecido, ya que expresa reivindicaciones, heterogeneidad, violencias y dolores compartidos. El activismo de las mujeres supone una ayuda incuestionable, aunque muy poco reconocida, al avance colectivo de la sociedad, y desde estas páginas queremos contribuir a reconocer y poner en valor su aportación social.

Para estudiar a los colectivos de mujeres y sus prácticas asociativas, se ha elegido una metodología de carácter cualitativo (enriquecida con un diagnóstico cuantitativo) en la que se han aplicado las siguientes técnicas: el análisis documental y bibliográfico sobre el ámbito del

---

4 Cinco organizaciones de mujeres no quisieron colaborar en la realización de esta investigación. De este modo, los datos que este estudio arroja están basados exclusivamente en las entrevistas realizadas, un total de 44.

asociacionismo de mujeres[5], las entrevistas en profundidad a representantes de 44 agrupaciones de mujeres y, finalmente, la observación participante[6] a partir de actividades impulsadas por las propias asociaciones, así como por la Federació de dones i col.lectius per la igualtat de l'Horta Nord. Sin embargo, es necesario aclarar que las entrevistas han constituido el instrumento principal para la obtención de la información y su análisis posterior.

Conviene aclarar que el criterio inicial que se siguió para elaborar la base de datos con la relación de las asociaciones feministas y las asociaciones de mujeres de la comarca de l'Horta Nord tenía que reunir las siguientes características: 1) ausencia de fin de lucro, 2) compuestas por mujeres, 3) trabajan en favor de las mujeres. Sin embargo, hemos incluido 9 organizaciones que cuentan entre sus filas con algún hombre, aunque no por ello, según aclaran sus propias Juntas Directivas, dejan de ser agrupaciones de mujeres trabajando por y para ellas, motivo por el cual hemos decidido integrarlas en la investigación. Nos referimos a las siguientes entidades:

1- Dones actives d'Alboraia: cuentan con unos 10 socios, de entre las 150 personas que forman la asociación.
2- Asociació tetral Paraules i Dones, de Burjassot: formada por 28 mujeres y 4 hombres.

---

[5] Este análisis ha permitido constatar los grandes vacíos de información existentes sobre el tema que nos ocupa, es decir, el asociacionismo de mujeres.
[6] Esta observación se ha realizado puntualmente en los espacios en los que las asociaciones desarrollan sus actividades, como las sedes sociales, pero también en salas de exposiciones, en salones de actos o en las propias plazas de los municipios donde se organizan, por ejemplo, concentraciones de repulsa contra los asesinatos machistas.

3- Col.lectiu feminista 19J de Rocafort: integrado por 61 mujeres y 3 hombres.

4- Espai d'infantesa i criança La Garrofera, de Meliana: 45 personas constituyen este colectivo, 7 de las cuales son hombres.

5- Associació cultural de dones de Vinalesa: formada por 85 personas, 3 ó 4 de las cuales son hombres.

6- Tyrius Rafelbunyol: cuenta con 12 hombres, y el resto, hasta la cifra de 120, son mujeres.

7- Tyrius Rocafort: formada por 145 mujeres y 2 hombres.

8- Tyrius Godella: asociación integrada por 350 personas, 7 de las cuales son hombres.

9- Tyrius Burjassot: entre sus filas hay 8 hombres, de entre las 425 personas que componen el colectivo.

El resto de las asociaciones entrevistadas, es decir, 35, manifestaron expresamente su deseo de continuar siendo una organización no mixta, o sea, formada única y exclusivamente por mujeres.

Finalmente, también me gustaría aclarar que he creído oportuno omitir los nombres propios de las mujeres cuyas opiniones aparecen en el desarrollo de este trabajo. Sin embargo, he considerado importante reflejar, textualmente, aquello que dijeron y que ayuda a entender el porqué de ciertos resultados de la investigación.

PRIMERA PARTE

Aproximación teórica y conceptual sobre la participación y el activismo de las mujeres

1

PARTICIPACIÓN SOCIAL

El eje de observación y análisis de nuestro objeto de estudio es la participación y el activismo de las mujeres de la comarca de l'Horta Nord, y todo ello desde una perspectiva teórica feminista, que es la que cruza transversalmente la presente investigación. En esta primera parte del libro expondremos brevemente las bases teóricas en las que se ha desarrollado este trabajo, haciendo hincapié en los términos y conceptos utilizados, así como en las ideas que se desprenden de ellos tales como participación social, asociación, movimiento amplio de mujeres o movimiento social. Además, realizaremos un breve repaso a la historia del feminismo con el objetivo de conocer de qué manera las mujeres han participado en lo público, desde finales del s. XVIII y hasta la actualidad, con el objetivo de conseguir mejoras en sus vidas.

Por participación social se entiende "la posibilidad individual y colectiva de tomar parte de las decisiones que afectan a cuestiones públicas" (Franco et al., 2005, p. 9). Otra definición es la que nos proporcionan Bustos y García (2018, p. 7) al indicarnos que es "cualquier tipo de práctica social a través de la cual la ciudadanía pretende incidir sobre la política o sobre cualquier dimensión de lo colectivo". De estas definiciones se infiere que el concepto de participación está ligado a la construcción de la ciudadanía y de la democracia. En este sistema político se pueden dar diferentes niveles de participación ciudadana, en función de si hablamos de democracia representativa o de democracia participativa.

La primera se limita al sufragio (elegir a nuestras y nuestros representantes, así como tener la posibilidad de ser elegida o elegido como tal) y a la representación en espacios consultivos mediante entidades seleccionadas de la sociedad civil. El otro modelo de democracia, el participativo, implica que toda la ciudadanía podría estar presente de alguna forma y tener así protagonismo, es decir, que se convertiría en interlocutora, además de votante. Con esta ciudadanía activa se favorece la presencia de intereses variados, se fomenta la responsabilidad social, se refuerza la democracia, y se desarrollan consensos (Bustos y García, 2018).

En este contexto de mayor participación es donde las asociaciones se convierten en piezas clave, como señala la propia Ley Orgánica reguladora del Derecho de Asociación del año 2002 en su exposición de motivos, al afirmar que aquéllas "contribuyen a un ejercicio activo de la ciudadanía y a la consolidación de la democracia avanzada". Esta ley sostiene que las asociaciones permiten a las personas reconocerse en sus convicciones, perseguir sus ideales, cumplir tareas útiles, hacerse oír, ejercer alguna influencia, y provocar cambios. Además, como se indica en esta misma exposición de motivos, "al organizarse, los ciudadanos se dotan de medios más eficaces para hacer llegar su opinión sobre los diferentes problemas de la sociedad a quienes toman las decisiones políticas". ¿Pero todos los colectivos tienen voz a través de las asociaciones? ¿Existe la misma visibilidad para todas las organizaciones? ¿Las mujeres encuentran aquí, como en muchas otros ámbitos, situaciones de discriminación?

Una asociación se nutre de la fuerza de la colectividad, de la suma de una serie de personas que ceden sus objetivos individuales en pro del objetivo o fin de la asociación (Ayuntamiento de Granada, s.f.). "El asociacionismo está basado en dar de manera individual para recibir de manera plural y colectiva. Es la mejor manera de trabajar en equipo porque las acciones individuales no sirven si no se coordinan con el resto de las acciones" (Serrano y Guillotte, 2020, p. 23). Pero habría una resistencia, que es "el miedo al cambio sobre el papel de las mujeres, que es un sesgo sexista, mecanismo de resistencia del propio sistema, además del miedo o el padecimiento de represalias sociales (críticas, vacío, aislamiento...), sobre todo en contextos reducidos" (Franco et al., 2005, p. 15).

Según señalan estas mismas autoras, a participar (de manera individual, o colectiva a través de asociaciones) se aprende participando y contando con canales fiables (comisiones, consejos, mesas, foros, consultas ciudadanas, audiencias públicas, etc.) que garanticen la coordinación entre la calle y la Administración. ¿Pero pueden las mujeres participar en condiciones similares a las de los hombres? ¿El trabajo reproductivo, la gestión doméstica y el trabajo productivo les permite a las mujeres participar en los procesos y espacios de toma de decisiones? Para ellas, ¿la participación pública sólo es ejercitable una vez que las responsabilidades en el ámbito privado han sido resueltas?

Según Ajamil (2003), el modo en que están organizadas nuestras vidas fomenta la implicación masculina y limita la participación femenina, afirmación que podemos corroborar de acuerdo con las conclusiones que se desprenden de las entrevistas realizadas a las agrupaciones de mujeres de l'Horta Nord, y cuyos resultados quedan expuestos más hacia adelante. De un modo parecido se pronuncian Murillo y Rodríguez (2003) al sostener que la adscripción de las mujeres al espacio doméstico las rebaja de su condición de ciudadanas, ya que el poder no radica en el ámbito familiar. Por eso, consideran que, una vez que se ha logrado que no sea cuestionable el ejercicio de la ciudadanía civil por parte de las mujeres, "queda un nuevo reto, y es pertenecer con pleno derecho efectivo y de interlocución al espacio público" (p. 75).

Ripio (2017) apuesta por relacionar los efectos de la violencia simbólica que sufren las mujeres con las condiciones reales de participación de éstas en la arena pública. "Este desvelamiento es imperativo para el diseño de procedimientos de profundización democrática, que posibiliten la práctica de quienes están simbólicamente centrifugadas de los contextos apresuradamente llamados democráticos" (p. 120). Por su parte, Guerra (1999), al referirse al espacio público afirma que las mujeres no se sienten cómodas con los modos de una competitividad extrema que sustenta la autoafirmación masculina, así como tampoco con el tener que duplicar tareas. "La sobrecarga, si no se opta por no abandonar del todo el ámbito privado-doméstico y el cuidado de los otros, hace que la mujer muera por aplastamiento" (pp. 63-64).

Esta misma autora sostiene que el espacio público moderno está configurado a la medida de la experiencia masculina del mundo, además de que pretende que su sesgo androcéntrico no sea cuestionado al camuflarse tras un universalismo que declara que hay sitio para todas y para todos. Sin embargo, este modelo "inmediatamente, amparado en su coartada retórica, establece sin rubor las exclusiones pertinentes para seguir consiguiendo que lo público sea el coto privado de los varones" (Guerra, 1999, p. 46).

Finalmente, Larrinaga y Amurrio (2017) aseveran que las organizaciones clásicas o convencionales de la vida política siguen estando masculinizadas y que no hay evidencias de que las mujeres participen ahora más en los nuevos movimientos sociales o en la política de protesta. Entre las causas, señalan las reglas de un juego político basado en un modelo patriarcal, la falta de corresponsabilidad, además de obstáculos interiorizados por las propias mujeres que dificultan que se vean a sí mismas con habilidades para actuar en el espacio público.

Estas autoras hacen referencia a varios estudios y sondeos de opinión de los que se desprenden las siguientes conclusiones: 1) las mujeres poseen un grado de interés por la política más bajo que el de los varones; 2) las mujeres hablan mucho menos de política con sus amistades y se aventuran en menor medida que los hombres a expresar en público su posible desacuerdo con alguna decisión política; 3) la presencia de mujeres es más baja que la de los hombres en la afiliación a los partidos políticos y a las asociaciones.

Efectivamente, la presencia de las mujeres en las asociaciones es minoritaria, excepto en aquéllas que trabajan en ámbitos vinculados tradicionalmente al sexo femenino como la educación, la religión o las actividades vecinales. Otro ejemplo de espacios en los que las mujeres han tenido un mayor protagonismo ha sido en las redes informales vinculadas a la vida cotidiana. Nos referimos a pautas organizativas relacionadas con el cuidado, la salud y la satisfacción de necesidades de otras personas. Se trata de espacios bastante invisibilizados, aunque el feminismo se ha esforzado, y continúa haciéndolo, por poner en valor tales expresiones de la acción colectiva. En resumen, podemos afirmar que la participación se encuentra especializada en función de los roles socialmente asignados, por lo que se sigue perpetuando la división sexual del trabajo. "La normatividad de género actúa condicionando también la construcción de las subjetividades de las personas militantes, mujeres y hombres, en el nivel de los intereses, las motivaciones, valores y preferencias" (Larrinaga y Amurrio, 2017, p. 163).

Ante estas realidades, cabe preguntarse no tanto por qué las mujeres participan menos en la política, sino qué tiene la política vigente que no gusta a las mujeres (Larrinaga y Amurrio, 2017). Otra cuestión que es pertinente hacerse es: ¿si la política incorporara temas de las culturas políticas de las mujeres, sus niveles de interés y participación aumentarían? ¿Lo harían también si las formas organizativas que se empleasen fuesen más acordes con los procesos de socialización adquiridos por las mujeres? Nos preguntamos si un modelo más horizontal y permisivo a la expresión de las emociones, y que es el característico en muchas asociaciones no mixtas, contribuiría a incrementar la participación política de las mujeres.

Desafortunadamente, hablar sobre la socialización política de las féminas no parece haber suscitado el interés de sociólogas, sociólogos, politólogas y politólogos, según indica Morán (2011), de ahí que encontremos pocos estudios empíricos sobre los cambios de valores y las culturas políticas de las mujeres. Sin duda, los niveles de desarrollo socioeconómico de un país, así como el impacto de nuevos marcos legales e institucionales, son componentes clave para entender los avances de las mujeres en la vida social y política, pero otro elemento con un gran peso que explicaría la lentitud en esos avances son los factores culturales o tradiciones "que conforman las visiones del mundo de hombres y mujeres y que son extremadamente duraderos" (Morán, 2011, p. 53).

Pese a todas las dificultades enumeradas, las mujeres llevan siglos organizándose - como explicamos en el apartado 4 de esta primera parte del libro -, posiblemente porque son conscientes de que no deben delegar los asuntos públicos en los hombres, y que hay temas que sólo visibilizarán y defenderán ellas. Todos los puntos de vista sobre cualquier asunto son importantes, por eso la aportación de las mujeres, es decir, de más de la mitad de la población, es imprescindible. De este modo, ciudadanía, democracia y participación "son tres temas interdependientes que hacen referencia a la presencia de las mujeres en la esfera pública, y en concreto a la toma de decisiones" (Franco et al., 2005, p. 20).

Murillo y Rodríguez (2003) nos recuerdan que la política equivale a la participación en lo común, es decir, opinar y decidir sobre decisiones públicas, y consideran que los movimientos organizados de mujeres tienen aquí mucho que decir. "Las tareas pendientes son demasiadas como para delegar la responsabilidad al campo de la política representativa y no rentabilizar el ejercicio de la ciudadanía activa" (p. 73).

> Las mujeres no quieren oír más el 'aquí falta una mujer' como garantía democrática. Para ello, la sociedad no sólo ha de abrirles las puertas, sino abrírselas sin reparos, es decir, aceptando de entrada que un mundo con mujeres en la vida pública no será el mismo que fue sin ellas. Que la revolución de las mujeres, para ser total y satisfactoria, ha de hacer cambiar a toda la sociedad. (Camps, 2013, p.91)

Subirats (2011) propone profundizar en la democracia como medio para superar el alejamiento cada vez mayor y más afianzado entre la ciudadanía y el sistema político. Dicho de otro modo, plantea acercar instituciones y problemas, y por tanto reforzar la política de proximidad que representan los gobiernos locales. Apuesta por desmonopolizar las instituciones y hacerlas más permeables a las iniciativas sociales, e incorporar a las personas en la resolución colectiva de los problemas comunes. Para ello, además de ser necesaria una voluntad para alterar las posiciones jerárquicas existentes entre las élites políticas y la ciudadanía, se necesitan ciudadanas y ciudadanos activos, interesadas e interesados en los asuntos políticos, "no como vía para defender sus intereses, sino como forma de entender la democracia" (Subirats, 2011, p. 124).

La participación política puede desarrollarse no sólo en las instituciones formales, sino también en el tejido asociativo, en movimientos sociales, y a través de otras herramientas de participación civil. Es decir, las acciones políticas pueden llevarse a cabo tanto desde dentro como desde fuera de las instituciones, y abarcan aspectos como la consulta, la discusión, el planteo de propuestas, y todo tipo de actividades en las cuales interrelacionan el Estado y la ciudadanía para el progreso de la comunidad (Guillén et al., 2009).

La Asociación Internacional para la Participación Pública (IAP2, por sus siglas en inglés), que es una organización cuya misión consiste en promover el compromiso comunitario a nivel mundial a través de iniciativas específicas, clasifica los diversos niveles de la participación ciudadana. El nivel más bajo es el de la información. El siguiente es el de la consulta, es decir, la ciudadana o el ciudadano solicita información específica y la Administración correspondiente le responde. En el tercer nivel comienza la participación, ya que el Estado involucra a la ciudadanía en la elaboración de políticas públicas, mientras que, en el cuarto, un grupo de ciudadanas y/o ciudadanos interactúan con la Administración para buscar soluciones ante un problema determinado. Finalmente, en el quinto nivel se produce el empoderamiento, puesto que se traspasa el poder de la toma de decisiones a la ciudadanía (Guillén et al., 2009). La gestión colaborativa o cogestión implica una toma de decisiones conjunta y una ejecución compartida por las personas que conforman una comunidad. El debate, la consulta y la participación se dan, por lo tanto, antes de la toma de decisiones, pero deben continuar también después mediante el control, el seguimiento y la implicación directa de la ciudadanía.

Es en el espacio cotidiano, en las ciudades y en los pueblos, donde se da mayor proximidad entre autoridades y ciudadanía, y es allí, por consiguiente, donde la participación ciudadana primero debe ejercerse. Efectivamente, desde hace unos años se han multiplicado las experiencias participativas iniciadas a escala local, y posiblemente la proximidad de los temas tratados provoca una mayor disposición por parte de las vecinas y los vecinos de ese territorio a implicarse y participar. Sin embargo, esto no debería verse como el final del camino, sino sólo como el principio.

2

MOVIMIENTO ASOCIATIVO

Votar en un referéndum, formar parte de una manifestación o apoyar una causa mediante una firma son sólo algunas formas específicas de participación. En ninguna de ellas se exige la pertenencia a una organización, y es que, como se puede observar, las personas pueden involucrarse en distinto grado y de modos diversos (Sánchez y García, 2001). Sin embargo, una buena manera de aglutinar esa participación ha sido mediante la creación de un elevado número de asociaciones de diferente tipo.

En los años 90 del siglo pasado se produjo un aumento considerable del asociacionismo en España, tanto desde el punto de vista cuantitativo como cualitativo. Así, surgieron movimientos asociativos que propugnaron un verdadero cambio social a través de valores como la igualdad entre los sexos, la defensa del medio ambiente, la ayuda a países más desfavorecidos, etc. Además, comenzó a desarrollarse cierta especialización, lo que dio lugar a asociaciones más fáciles de identificar y que ofrecían una mayor calidad (Sánchez y García, 2001). Detrás del aumento en el número de estas agrupaciones también estuvo el impulso que desde las Administraciones públicas se hizo, dedicando recursos económicos, materiales y humanos con el objetivo de revitalizar la participación ciudadana en la vida política y social.

Muchas autoras y autores han tratado de explicar todas las funciones que estas asociaciones desempeñan, pero podríamos enumerar, entre las más relevantes, la diversidad que introducen, la capacidad de innovación, de detectar nuevas necesidades y de implicar a la ciudadanía (Vázquez, 1991, como se citó en Sánchez y García, 2001). Además, no podemos olvidar todos los aspectos positivos que el asociacionismo tiene en la salud mental de las personas en forma de aumento de la autoestima, apoyo social, desarrollo de competencias, etc., como bien hemos desarrollado en el apartado 9 de la segunda parte de este libro, y como también apunta Teresa del Valle (2001). Esta investigadora considera que las asociaciones son espacios donde las mujeres pueden socializar de otra manera (aunque con un coste y un esfuerzo mayor que el que corresponde a los varones), ayudándoles a superar obstáculos y a ejercer, finalmente, el poder como sujetos sociales. "En las asociaciones encuentran el refuerzo para el cambio y entablan nuevas relaciones" (p. 145). La autora ha definido las asociaciones como "espacios puente", es decir, como medios que permiten pasar de una orilla en la que existe la subordinación de las mujeres, a otra en la que se ha producido y/o consolidado la equidad. Eso sí, sostiene que habrá mujeres que rechacen las experiencias de cambio y vuelvan a su punto de partida, pero que otras apostarán por experimentar transformaciones y nuevos procesos socializadores orientados al ejercicio del poder y de la ciudadanía activa.

Hay otras investigadoras e investigadores que afirman que sólo en algunas asociaciones hay un discurso y una práctica que puede conducir a una ciudadanía activa. Sostienen, en consecuencia, que la tesis de que las organizaciones reflejan expectativas de participación cívica debe ser matizada. "Las asociaciones, per se, no son escuelas de democracia, espacios de transformación del individuo en ciudadano, o de definición de las carencias, los riesgos y las vulnerabilidades en términos sociales y políticos" (Ariño, 2004, p. 100). En esta misma línea se manifiesta Barthélemy, y se apoya para ello en varios indicativos: 1) el ascenso del voluntariado, que nace de una definición moral, a costa de la militancia, que nace de una definición política; 2) un clima general de despolitización y una sujeción a las subvenciones; 3) la tendencia a sustituir los referentes de largo plazo, de la transformación social, por la proximidad de la acción concreta, la inmediatez, y el riesgo de dar prioridad a lo pragmático frente a lo ideológico. En todo ello, concluye, subyace una retirada de la política (Barthélemy, 2000, como se citó en Ariño, 2004).

También encontramos distintas interpretaciones sobre la explosión asociativa que se dio en España, al igual que en el contexto internacional, en las últimas décadas del siglo XX. Una de ellas apuntaría a que fue la apatía y el desencanto con la política lo que provocó el auge asociativo en un intento por establecer fórmulas de participación no convencionales. Otros análisis consideran que existe una relación sospechosa entre el aumento del asociacionismo y una estrategia neoliberal que consiste en transferir a la sociedad civil, y a bajo coste, una serie de servicios, los cuales constituían la base de un estado de bienestar que ahora se estaría desmantelando. Una tercera perspectiva sostiene que con el auge del asociacionismo se institucionaliza un sector que es complementario del Estado y del mercado. Es decir, esta teoría considera que existe un tercer espacio que se caracteriza por rechazar la lógica mercantil (maximizar beneficios) y la lógica burocrática y opaca de las Administraciones, en pro de otro caracterizado por el altruismo y la donación voluntaria (Ariño, 2004). A este tercer espacio se le conoce con el nombre de tercer sector.

¿Pero cuál es la motivación humana por la participación? ¿Por qué la gente dedica su tiempo, dinero y esfuerzo colaborando activamente en una asociación? Anteriormente ya hemos apuntado todas los aspectos positivos que, en nuestra salud mental, se derivan de formar parte de una colectividad de personas motivadas por unos intereses comunes. ¿Pero es ese bienestar emocional la única causa? Según Sánchez y García (2001), podrían señalarse hasta cuatro motivaciones distintas.

La primera es la necesidad de afiliación, es decir, una tendencia humana consistente en buscar el contacto social con otras personas. La segunda motivación es el altruismo, ya que las personas asociadas deciden dedicar un tiempo y un esfuerzo a asociaciones cuyo beneficio va dirigido, en muchas ocasiones, a otras personas. Puede apreciarse, detrás de ello, una oportunidad para ser "útiles" a la sociedad. La tercera motivación es la necesidad del logro, que podría definirse como el deseo de solucionar cualquier dificultad, dominar, manipular, competir con otras personas y superarlas, y conseguir una alta autoestima. Con la participación en las asociaciones buscamos el éxito al contribuir a alcanzar unos objetivos comunes, pero también podemos aspirar a lograr retos personales, profesionales y/o sociales. Por último, tenemos la necesidad de poder, que es lo que impulsa a las personas a influir sobre las demás, aspecto que puede ser positivo o negativo, dependiendo de cómo se utilice.

Según Serrano y Guillotte (2020), cuando se analiza el movimiento asociativo en España se observa una escasa motivación por pertenecer a una organización. Las causas, según esta misma fuente, radicarían en un pasado dictatorial que durante 50 años impidió el derecho de asociación. Además, no se fomenta este tipo de movimiento social desde la infancia, hay una falta de profesionalidad en la gestión de las entidades, y existe una creencia generalizada de que las asociaciones son entes de segundo nivel que no aportan económicamente al desarrollo de un país. Sostienen que hay una relación directa entre el número de asociaciones que hay en un territorio y su nivel democrático. Esto se traduce en que, por ejemplo, en países como Dinamarca, donde existe una democracia fuerte y unos índices altos en la conciliación familiar, encontramos un número muy elevado de asociaciones. "Si se estimula que la gente se asocie estaremos fomentando el sentimiento de lo colectivo, de la sociedad civil. Su carencia lleva a niveles de democracia bajos y niveles políticos y asociativos mediocres" (p. 67).

Una asociación se puede definir como la "agrupación estable de tres o más personas físicas o jurídicas, que comparten conocimientos y recursos para alcanzar un fin común, lícito y no lucrativo, de interés general o particular" (Subdirección General de Asociaciones, Archivos y Documentación, 2017, p. 13). También puede definirse como "un grupo de ciudadanos y ciudadanas que se reúnen y agrupan para realizar una actividad colectiva de una forma estable, regida con un modelo organizativo democrático, sin ánimo de lucro y autónomo" (Junta de Castilla y León, 2007, p. 1). Una tercera definición nos la proporciona Sabuco (2013) al afirmar que una asociación es "un espacio colectivo que permite visualizar inquietudes, obligaciones y prestigio, compartir proyectos conjuntos, organizar tramas de intercambios y/o generar sentimientos de pertenencia que aúnan las diferencias individuales" (p. 119).

Estas descripciones llevan implícita la idea de permanencia en el tiempo, por lo que las asociaciones deben dotarse de unas estructuras, así como disponer de unos medios materiales y humanos que hagan posible la materialización de los objetivos sociales. Respecto a lo primero, hay que partir de un acuerdo de constitución de la asociación (acta fundacional) que deberá incluir la aprobación de unos estatutos. A partir de ese momento, la asociación adquiere personalidad jurídica y capacidad de obrar.

El artículo 22 de la Constitución Española y la Ley Orgánica 1/2002 reguladora del Derecho de Asociación constituyen el marco legislativo de referencia para las organizaciones, es decir, son la garantía de que van a poder desarrollar sus actividades sin injerencias por parte de los poderes públicos. No obstante, dicha normativa establece la necesidad de que determinadas asociaciones se inscriban en el Registro Nacional de Asociaciones (dependiente del Ministerio del Interior), mientras que otras entidades, cuya gestión les está expresamente atribuida a las comunidades autónomas, deberán hacer lo propio en el registro de su autonomía, en el caso que nos ocupa, el Registro de Asociaciones de la Comunitat Valenciana (dependiente de la Conselleria de Justícia i Interior).

Aunque la inscripción en estos registros es declarativa, es decir, sólo busca dar publicidad a una asociación ya existente, es importante hacerlo, puesto que es la garantía de que esa agrupación se ha constituido legalmente, además de que sirve para separar el patrimonio de la asociación del patrimonio de las personas asociadas. Por otro lado, sólo las entidades inscritas serán susceptibles de beneficiarse de las ayudas económicas que las distintas Administraciones ponen a disposición de las asociaciones.

En el ámbito de la Comunitat Valenciana, la Ley 14/2008 de Asociaciones de la Comunitat Valenciana tiene como objeto la regulación y el fomento de las asociaciones de carácter docente, cultural, artístico y benéfico-asistencial, de voluntariado social y semejantes, cuyo ámbito principal de actuación sea la Comunitat Valenciana, es decir, sólo sobre aquéllas a las que se refiera su Estatut d'Autonomia. Esta ley valenciana, según queda establecido en su preámbulo, considera que las asociaciones "se revelan no sólo como elemento aglutinante de inquietudes individuales, sino también como instrumento de la propia sociedad para superar la soledad de aquellas personas que pudieran quedar aisladas en la sociedad".

En esta misma comunidad autónoma, además, recientemente se aprobó la Ley 4/2023 de Participación Ciudadana y Fomento del Asociacionismo de la Comunitat Valenciana. En esta norma se reconoce que la participación de las mujeres es deficitaria en las sociedades democráticas actuales y que únicamente se superará cuando se alcance un equilibrio paritario. Se tiene que incorporar, según queda explicitado en el preámbulo, la perspectiva de género de manera transversal en el impulso de la consolidación de una gobernanza democrática. Así, por ejemplo, en la evaluación y auditoría que las ciudadanas y ciudadanos (a título individual o a través de asociaciones) pueden realizar de las políticas o servicios públicos, se garantizará, según el artículo 23, el equilibro entre mujeres y hombres. Y este mismo criterio se seguirá en la composición del Consejo de Participación Ciudadana, que es un órgano de debate entre las asociaciones y la Generalitat Valenciana, y cuya función es dar visibilidad al movimiento asociativo como vía idónea de participación ciudadana. Otras funciones de este Consejo son las de fomentar el asociacionismo y el trabajo en red, así como propiciar la democracia participativa y la codecisión, con especial atención a la participación de las mujeres y los colectivos con mayores dificultades de inclusión.

Tanto el Estado español como la Generalitat Valenciana dicen fomentar el asociacionismo de mujeres, particularmente a través del Instituto de las Mujeres y del Institut de les Dones, respectivamente. La primera de estas dos instituciones públicas subvenciona anualmente al movimiento asociativo de ámbito estatal, además de ceder, de manera gratuita, tres inmuebles para que las asociaciones ubiquen allí sus sedes sociales. También ofrece asesoramiento técnico a las ONG y entidades públicas o privadas sobre los recursos específicos disponibles para las mujeres, y todo ello con el objetivo de fortalecer el movimiento asociativo de mujeres como instrumento para lograr la igualdad. Por su parte, el Institut de les Dones concede anualmente unas subvenciones para fomentar el asociacionismo de mujeres con la finalidad de, según queda recogido en su página web, "potenciar y fortalecer el tejido asociativo de mujeres como cauces para promover la participación y la presencia de las mujeres en condiciones igualitarias en todos los ámbitos de la sociedad".

En el movimiento asociativo de mujeres se da una gran heterogeneidad, si bien podríamos afirmar que existen tres grandes grupos de entidades. Por una parte, hay asociaciones que tienen un discurso político explícito, es decir, que se presentan a la sociedad con el propósito de cambiar el orden establecido, bien sea con un enfoque alternativo o reformador. Según Ariño (2004), en estos colectivos se produce una definición de la identidad de la asociación y de sus prácticas en términos de ciudadanía activa, propugnando valores alternativos. Añade que la posición de estas asociaciones consiste en detectar problemas, lanzarlos a la conciencia pública y defender derechos, con el objetivo de que éstos sean reconocidos y garantizados por el Estado. En este primer grupo podemos claramente enmarcar a las asociaciones feministas, si bien muchas otras, como las centradas en el antimilitarismo, el medio ambiente, o la defensa de los derechos humanos, formarían también parte de este grupo.

Estas asociaciones permiten sacar a la luz realidades ocultas como las violencias machistas, la discriminación laboral, la exclusión social, la feminización de la pobreza y, en general, la desigualdad y discriminación que siguen soportando las mujeres. Esta función política permite actuar como mediadoras y canalizadoras de necesidades sociales y reivindicaciones ante las diferentes instituciones. (Asociación de Mujeres Páginas Violeta, 2023, p. 62)

Siguiendo con Ariño (2004), otro grupo estaría constituido por asociaciones de orientación pragmática, centradas en la prestación de servicios para personas con carencias, y que eluden pronunciarse políticamente por razones tácticas. En tercer lugar, encontramos las asociaciones que son apolíticas (por ejemplo, muchas asociaciones culturales y recreativas de mujeres, deportivas, festivas o convivenciales) y que consideran que las conversaciones sobre asuntos políticos suponen una intromisión al clima amistoso y armónico de la organización. En estas entidades lo que prima es la construcción de una experiencia de comunidad, de vínculo social, en un ambiente de evasión, sin ansiedades ni prisas. "No se puede, por tanto, caer en una mitificación del carácter democrático del asociacionismo o de la ciudadanía asociativa como una alternativa al desencanto político" (p. 103).

Sin embargo, el hecho de que en una agrupación de mujeres, por ejemplo una asociación Tyrius, no se dé el debate político, no implica que su acción carezca de consecuencias transformadoras.

Las asociaciones de amas de casa están transformando las relaciones de género en el plano doméstico y modifican tanto la autoestima como el estatus de las mujeres. La asociación capacita para asumir riesgos en el ámbito público y actúa como espacio de transformación de las preferencias individuales. (Ariño, 2004, pp. 103-104)

La primera posibilidad que brinda el asociacionismo femenino es la posibilidad de ser. El hecho de acudir a una asociación rompe con el aislamiento, y además proporciona el tiempo y el espacio para pensarse. La segunda posibilidad es la de expresarse, encontrar que puedes hacer teatro, pintar, hablar... La tercera es de reconocimiento como mujer, en un proceso colectivo, descubrir el nosotras las mujeres. Y la cuarta y última, conseguir la fuerza para cambiar el mundo, porque los cambios que se producen en la vida de las mujeres, en sus familias, cuestionan el papel asignado a la mujer en el sistema de género, y les permite estar en el mundo con plenos derechos. (Yeves, 2014, p. 296)

3

EL MOVIMIENTO AMPLIO DE MUJERES

Otro concepto sobre el que conviene detenerse y que guarda relación con nuestro objetivo de querer ordenar o clasificar la gran heterogeneidad que se da en el asociacionismo femenino es el denominado movimiento amplio de mujeres. Hay investigadoras que apuestan por distinguir el movimiento feminista (o asociacionismo feminista) del asociacionismo de mujeres, "sin que esta distinción conlleve la construcción de una jerarquía, sino una clasificación que oriente el contenido de los futuros pactos de mujeres" (Murillo y Rodríguez, 2003, p. 122), mientras que otras sostienen que "los estudios empíricos realizados muestran el protagonismo social de las mujeres y su capacidad como agentes de cambio" (Maquieira, 1995, p. 268).

Así, esta última autora reconoce la existencia de un amplio movimiento de mujeres, y considera que esta propuesta supone un ejercicio de inclusión que deja atrás la visión normativa del ser y del deber ser de las mujeres, así como la jerarquía de unos grupos con respecto a otros. Añade que muchos grupos de mujeres rechazan autodefinirse como feministas, pero "desarrollan a través de su acción colectiva unos procesos personales y unos objetivos sociales y políticos que pueden tener cabida dentro de un proyecto amplio de aspiraciones feministas" (Maquieira, 1995, p. 270).

Vargas (1991) considera que dentro del movimiento amplio de mujeres nos encontramos con diferentes reclamaciones, incluso contradictorias entre sí, y que no siempre expresan reivindicaciones que apunten a transformar las relaciones entre los sexos. Sin embargo, cree que expresar la presencia y demandas de colectivos sociales excluidos de la acción política institucional conlleva una nueva forma de relacionar lo político con lo social, lo público con lo privado, y lo productivo con lo reproductivo.

Maquieira (1995) ve la diversidad del movimiento de mujeres no como una debilidad, sino como una posibilidad de ampliar su esfera de influencia al incorporar a nuevas mujeres, y de aprender de sus experiencias y luchas. Defiende, por todo ello, que no hay razones para plantear una oposición entre asociacionismo de mujeres y asociacionismo feminista, con la única condición de que ello no suponga una ruptura de la red. En este punto conviene aclarar que un movimiento social, como el movimiento feminista, es tal "porque es un sistema de comunicación en acción, es decir, porque establece una fluidez de mensajes a través de una estructura de red" (Denche y Alguacil, 1993, como se citó en Maquieira, 1995). En esa red, la práctica no estaría exenta de conflictividad intra e intergrupal, pero supondría también la negociación continua de identidades y de objetivos para construir estrategias de interconexión efectivas.

También Yeves (2014) apuesta por englobar, bajo el término de movimiento amplio de mujeres, a todas las asociaciones integradas exclusivamente por personas del sexo femenino. Considera que entre el movimiento feminista y el asociacionismo de mujeres existe un "continuum" y, como consecuencia, es de las investigadoras que sostienen que, independientemente del nombre que reciban los dos grupos, ambos constituyen un movimiento social, esto es, "un agente colectivo movilizador que persigue el objetivo de provocar, impedir o anular un cambio social fundamental valiéndose de formas de acción y organización variables" (Riechman, 1995, como se citó en Yeves, 2014).

> Las confluencias del movimiento de mujeres y del feminismo son de diversa intensidad y amplitud. Las más amplias se dan en la calle, en la cita anual del 8 de marzo. En tales ocasiones, todas las mujeres que participan se sienten del movimiento, construyen la identidad nosotras. También se dan confluencias parciales, en las que los diferentes grupos superan sus espacios propios y organizan actos conjuntamente con las afines. (Yeves, 2014, p. 362)

Frente a esta postura, nos encontramos con la de Murillo y Rodríguez (2003), quienes niegan que las asociaciones de mujeres constituyan un movimiento social. Para estas investigadoras, el movimiento feminista surge de una reflexión vindicativa, la teoría feminista, y se construye en torno a grupos organizados con unas reivindicaciones concretas, además de que se establecen flujos de comunicación entre las distintas organizaciones que lo integran. Por el contrario, el asociacionismo de mujeres no cuenta con una teoría propia, tampoco con reivindicaciones (aunque sí con demandas), y sus organizaciones son entes aislados, en la mayoría de los casos sin apenas flujos de comunicación entre ellos, motivos todos ellos para negarles la categoría de movimiento social.

> El movimiento feminista está constituido por mujeres feministas organizadas en torno a plataformas, asambleas y asociaciones que pretenden conseguir la igualdad de derechos entre hombres y mujeres y la construcción de un proyecto de vida autónomo. El asociacionismo de mujeres es otra manifestación diferente consistente en que las mujeres se asocian con diferentes objetivos: políticos, sociales, de ocio y culturales, etc., de manera que, si bien son lugares de encuentro y espacios de aprendizaje, no tienen por qué tener una dimensión reivindicativa o transformadora en términos de género, aunque puedan llegar a serlo. (Murillo y Rodríguez, 2003, p. 33)

Estas autoras subrayan la idea de que el movimiento feminista es un movimiento político con objetivos políticos, y que, por el contrario, la gran mayoría de las asociaciones de mujeres tienen como principal fin ganar espacios de sociabilidad. Presentan, por lo tanto, intereses, planteamientos y objetivos distintos, "pero tienen en común compartir la presencia en el espacio público. Y ambos han roto la adscripción doméstica como único referente de género" (Murillo y Rodríguez, 2003, p. 82).

De Miguel (2015) considera que un movimiento social, para definirse como tal, tiene que ser capaz de articular propuestas alternativas, es decir, no sólo ha de saber definir una situación como injusta, sino que también tiene que difundir la conciencia de que es posible cambiar la sociedad y, por lo tanto, "universalizar esta conciencia, desarrollar la imaginación suficiente para convencer de que no se puede renunciar a una sociedad nueva, para mostrar que todos los seres humanos se beneficiarán del cambio" (p. 201).

Como hemos indicado anteriormente, Yeves sí que apuesta por considerar que ambas corrientes constituyen un movimiento social al que denominaríamos movimiento amplio de mujeres. "El feminismo práctico de las 'marujas' produce muchas veces más rupturas y más cambios que el feminismo radical, ambos son necesarios, unas afirman la posibilidad de cambios en sus prácticas y otras señalan caminos y cumplen papeles de vanguardias políticas" (Yeves, 2014, p. 54). Pero esto no implica que la autora ignore las trayectorias distintas de ambos grupos. De hecho, no niega la existencia de un debate en torno al concepto de movimiento amplio de mujeres. Los grupos feministas, sostiene, se preguntan si las asociaciones de mujeres cuestionan el sistema sexo/género. De no ser así, ¿formarían parte del mismo movimiento? Por otra parte, las asociaciones de mujeres se niegan a definirse como feministas - como exponemos en el apartado 8 de la segunda parte de este libro -, lo que nos invita a pensar que continúan teniendo una imagen estereotipada y perjudicial del feminismo y de las feministas. ¿Es posible, a pesar de esta heterogeneidad, de estas maneras distintas de lucha y organización, de estas diferentes reivindicaciones, unirse a favor de los intereses y derechos femeninos? En el 2003, para Murillo y Rodríguez esto era aún una cuestión pendiente. Estas autoras se preguntaban cómo construir y articular lugares de encuentro, temas comunes, complicidades para avanzar en una acción colectiva, respetando los ámbitos y espacios propios de cada asociación.

4

EL ACTIVISMO DE LAS MUJERES EN LAS CUATRO OLAS DEL FEMINISMO

Un recorrido por las distintas olas del feminismo nos permite conocer de qué manera las mujeres han participado en lo público, desde finales del s. XVIII y hasta la actualidad, con el objetivo de conseguir mejoras significativas en sus vidas. Sus acciones frente a la violencia, la opresión y la discriminación han sido de tal magnitud que se emplea la metáfora de la ola para describir, por una parte, cómo la fuerza y el empuje de las mujeres dan como resultado grandes conquistas para ellas y, por otra, las reacciones contrarias que se dan ante cada logro feminista. "Cada vez que las mujeres avanzamos, una potente reacción patriarcal se afana en parar o en hacer retroceder esas conquistas" (Varela, 2019, p. 18).

También se utiliza el término "ola" como sinónimo de "ciclo de protesta" para hacer así referencia a la idea de que los movimientos sociales no se mantienen estables o estáticos a lo largo del tiempo, sino que van cambiando debido a las mutaciones en sus estrategias e interacción con nuevos actores y actrices. De este modo, en la historia del feminismo encontramos una sucesión de diferentes reivindicaciones, así como diversas formas de movilización y protesta, e incluso distintas intensidades en las acciones (Garrido-Rodríguez, 2021). Todo ello dará como resultado diferentes fases u olas conformadas por distintos acontecimientos, buena parte de ellos vividos de manera simultánea en distintos lugares del mundo, y que giran siempre en torno a la idea de igualdad (Varela, 2019).

Para la mayor parte de las teóricas de Europa y América Latina, la primera ola del movimiento feminista surge a finales del s. XVIII con el nacimiento de la Ilustración y la Revolución Francesa. Los grandes principios de "Libertad, igualdad y fraternidad" por los que tanto habían peleado las mujeres se convirtieron, finalmente, en derechos sólo para los varones, excluyendo a todas las mujeres sin excepción. Dos fueron los escritos que dejan constancia del rechazo a esta enorme contradicción consistente en pregonar que los ciudadanos nacen libres e iguales ante la ley y, al mismo tiempo, dejar sin derechos civiles y políticos a las mujeres (Varela, 2005, 2019). Olympe de Gouges dejaba por escrito, en 1791, la *Declaración de los Derechos de la Mujer y de la Ciudadana*, y sólo un año después Mary Wollstonecraft escribía *Vindicación de los derechos de la mujer*, considerada la obra fundacional del feminismo. Su autora se convertía en la primera que llamaba privilegio al poder que siempre habían ejercido los hombres sobre las mujeres de forma natural, es decir, como si fuera un mandato de la naturaleza, y dejó constatado que no estaba dispuesta a admitir la exclusión de las mujeres de ese nuevo territorio de libertad y democracia que se estaba fraguando (Valcárcel, 2000).

Además de estos dos escritos, cuyas ideas no lograron traspasar más que algunos pequeños círculos intelectuales puesto que muy pocas personas querían que se produjera la subversión del orden establecido (Valcárcel, 2000), muchas mujeres cuestionaron su reclusión obligatoria en la esfera doméstica, como quedó patente en la creación de salones literarios y políticos, espacios en los que se gestaba buena parte de la cultura del momento y donde se apoyó, activamente, los derechos de las mujeres en la esfera pública. Otra de las formas en las que ellas participaron en la política de ese momento fue a través de los Cuadernos de Quejas, escritos en los que las mujeres, de cualquier edad y condición, plasmaron lo que querían conseguir del proceso revolucionario francés como el derecho a la educación, al trabajo, al voto, así como la abolición de la prostitución, los malos tratos y los abusos dentro del matrimonio (Varela, 2005). Esos Cuadernos se convirtieron en un testimonio colectivo de las esperanzas de cambio de las mujeres, pero como ya hemos apuntado la Asamblea Nacional proclamó la Declaración de los Derechos del Hombre y del Ciudadano (1789) dejando fuera las demandas de las mujeres.

De este modo, en el Siglo de las Luces, los deseos de ciudadanía de las mujeres acabaron en la penumbra más absoluta. Para Valcárcel (2000), este primer feminismo había conseguido formular en clave política sus demandas, pero las democracias se las negaron, y a través de las codificaciones napoleónicas que se extendieron por toda Europa a principios del s. XIX se perpetuó la minoría de edad para las mujeres. Éstas no tenían derecho a administrar su propiedad, ejercer la patria potestad, mantener una profesión o rechazar a un padre o marido violento. "La obediencia, el respeto, la abnegación y el sacrificio quedaban fijadas como sus virtudes obligatorias. A todo efecto ninguna era dueña de sí misma, luego todas carecían de lo que la ciudadanía aseguraba, la libertad" (Valcárcel, 2000, p. 20).

Sin embargo, las mujeres adquirieron en esta primera etapa una gran experiencia política, y las siguientes generaciones no se resignaron a quedarse fuera del ámbito de los derechos y de las libertades. Es por ello por lo que conseguir el voto y el acceso a la alta educación se convirtieron en los objetivos de la segunda ola, también conocida como el sufragismo.

Esta segunda etapa arranca oficialmente en el año 1948, fecha en la que setenta mujeres y treinta varones se reunieron en la villa de Seneca Falls (Estados Unidos) y firmaron la *Declaración de Sentimientos*. El escrito incluyó críticas al matrimonio, a las leyes discriminatorias sobre la patria potestad, así como vindicaciones para las mujeres en torno a la educación, la libertad de expresión, la libertad para organizarse, el derecho a la propiedad, al acceso al mercado laboral, además del derecho al voto. Y esto último fue precisamente una exigencia clave, puesto que se consideró que si se conseguía este derecho sería más fácil lograr, a continuación, todos los demás (Cobo, 2024).

Esta investigadora define al movimiento sufragista americano como enormemente pacifista y tenaz, puesto que sus militantes protagonizaron, de manera incansable, múltiples marchas y manifestaciones pese a recibir, constantemente, pedradas, tomatazos e insultos. Sin embargo, las mujeres resistieron y no cesaron ni en sus desfiles, en los que llevaban bandas y pancartas, ni en la difusión de folletos y panfletos que lanzaban al aire, sobre todo al paso del presidente Wilson. Las sufragistas británicas, por el contrario, y pese a ser también pacifistas, protagonizaron algunas acciones más radicales como la ruptura de los cristales de algunas tiendas, el escribir con ácido la palabra sufragio sobre un campo de cricket, o el incendiar la casa de campo (no habitada) del primer ministro británico.

Las formas que las mujeres sufragistas emplearon tanto en Estados Unidos como en Reino Unido, que fueron los dos países donde más fuertemente se dio este movimiento de agitación que luego se expandiría a otras sociedades industriales, fueron enormemente eficaces. De hecho, según sostiene Cobo (2024), sus estrategias serían copiadas luego por el movimiento obrero. En este mismo sentido se pronuncia Valcárcel (2000) al afirmar que los métodos y modos de lucha cívica actual se los debemos al movimiento sufragista. "La manifestación pacífica, la interrupción de oradores mediante preguntas, la huelga de hambre, el autoencadenamiento o la tirada de panfletos vindicativos se convirtieron en sus métodos habituales. Hoy entendemos esto como la forma normal de lucha ciudadana" (pp. 33-34).

En este periodo, el derecho al voto y los derechos educativos marcharon a la par apoyándose mutuamente, y ambos se consiguieron en un periodo de ochenta años.

"Los desfiles sufragistas se transformaron en procesiones en las que las mujeres, vestidas con togas académicas y llevando en las manos sus diplomas, seguían a los estandartes que reclamaban el voto" (Valcárcel, 2000, p. 34). Así, hacia el final de la Segunda Guerra Mundial, en todas las democracias se había reconocido el derecho al voto a su población femenina y se habían asegurado los derechos educativos para todas y todos.

Podemos afirmar que es en esta segunda ola cuando, por primera vez, las mujeres se articulan como un grupo social oprimido con características e intereses propios, es decir, como un movimiento social o de masas (De Miguel, 2015; Varela, 2019; Cobo, 2024). "El sufragismo se consideraría como el comienzo del movimiento feminista puesto que nos encontramos con un conjunto de mujeres unidas – carácter colectivo - que luchan por conseguir derechos políticos y la ciudadanía para las mujeres" (Garrido-Rodríguez, 2021, p. 486).

Como apuntábamos anteriormente, cuando las mujeres avanzan, la reacción patriarcal no se hace esperar, y así sucedió a partir de los años 50 del pasado siglo con la llamada "mística de la feminidad". Tras la Segunda Guerra Mundial, se inicia un periodo oscuro para las mujeres debido a una maniobra perfectamente ejecutada por los gobiernos y los medios de comunicación, y que tenía como objetivo que las mujeres abandonaran los puestos de trabajo obtenidos durante el periodo bélico y regresaran al hogar. Para ellas se propuso, mediante una potente campaña publicitaria, un modelo de mujer nueva y moderna que sabía llevar perfectamente su nuevo hogar tecnificado, que era una buena ama de casa de cuyo trabajo dependía el éxito completo de la familia nuclear, y que se mostraba siempre cariñosa y servicial con su marido (Valcárcel, 2020). En definitiva, a las mujeres se les pidió que renunciaran al ejercicio de los derechos ciudadanos recientemente adquiridos y que aceptaran libremente permanecer en sus hogares, realizándose como esposas y madres, y subrayándose, más aún si cabe, la antigua división entre lo público y lo privado, entre lo masculino y lo femenino.

Betty Friedam, en su obra *La mística de la feminidad* (1963), analiza de forma magistral este periodo y explica cómo ese modelo doméstico terminó por producir soledad, depresión, alcoholismo y cuadros médicos que fueron calificados como "típicamente femeninos". "Su importancia estuvo en descifrar con lucidez el rol opresivo y asfixiante que se había impuesto a las mujeres de medio mundo y analizar el descontento femenino" (Varela, 2005, pp. 97-98). Con su obra, que se convirtió en un *best seller* y que pronto se tradujo a múltiples idiomas, las mujeres consiguieron entender que "el malestar que no tenía nombre" se llamaba domesticidad obligatoria y, lo que es más importante, constituyó el germen de un nuevo movimiento de masas, de una nueva ola protagonizada por las hijas de esa generación de mujeres recluidas en sus hogares, las cuales se dieron cuenta de que las conquistas sufragistas no habían logrado producir apenas cambios en la jerarquía masculina (Valcárcel, 2020).

Otra obra que vio la luz antes de que lo hiciera la de Friedam y que es considerada la más importante de la teoría feminista del s. XX es *El segundo sexo* (1949), de la filósofa francesa Simone de Beauvoir. Siempre se duda entre considerarla el colofón del sufragismo o la apertura de la tercera ola, pero de cualquier modo es indudable que fue muy influyente y que puso las bases teóricas de todo el feminismo contemporáneo.

Las mujeres de la tercera ola - periodo bautizado también con el nombre de feminismo radical y que tuvo su mayor esplendor en los años 60 y 70 del pasado siglo - contaron, además de con el impulso que les proporcionó las obras de Beauvoir y de Friedam, con otras dos obras fundamentales de referencia: *La política sexual* (1969), de Kate Millett, y *La dialéctica del sexo* (1970), de Shulamith Firestone. En ellas se definen conceptos tan importantes para el movimiento feminista como patriarcado (sistema de dominación masculina que determina la opresión y la subordinación de las mujeres) y género (la construcción social de la feminidad).

Las feministas de este tercer periodo van a entender que los cambios legislativos (en los que la igualdad entre los sexos se expresa, por primera vez, de una manera explícita) no van a ser suficientes, y que había que dar un paso más puesto que el orden patriarcal se mantenía incólume o, dicho de otro modo, las mujeres no habían conseguido una posición paritaria respecto de los varones. Era necesario hacer, junto con la renovación legislativa, una revolución en la moral, las costumbres y los modales (Valcárcel, 2000).

Los dos grandes lemas que popularizaron las militantes feministas de ese periodo fueron "abolición del patriarcado" y "lo personal es político", es decir, que con el primero se apuntaba al objetivo general, y con el segundo se elevaba lo particular a categoría. Y es que no hay que olvidar que unos años antes vieron surgir los primeros grupos de autoconciencia, espacios en los que las mujeres ponían en común sus experiencias personales (relaciones sexuales insatisfactorias, una identidad impuesta que las reducía a madres y esposas y que no las satisfacía, etc.), permitiéndoles así llegar a las mismas conclusiones, es decir, a la idea de que sus malestares eran los malestares de todas. Dicho de otro modo, las mujeres se dieron cuenta de que compartían la trama de una opresión común.

Por eso, los años 70 fueron de una enorme agitación política, años de manifestaciones, protestas y publicaciones en las que se decía que las leyes no podían quedarse a las puertas de casa, sino que tenían que entrar al ámbito privado. Las feministas analizaron las relaciones de poder existentes tanto en la familia como en las relaciones sexoafectivas, y pusieron encima de la mesa problemas tan silenciados hasta ese momento como la violencia sexual o los malos tratos. Reivindicaron, de una manera radical, la igualdad plena, la sexualidad libre y el derecho al aborto. Según Valcárcel (2000), tuvieron una capacidad de agitación cuantitativamente asombrosa, pero casi no contaron con liderazgos, por lo que no tardó en aparecer una pequeña élite de mujeres que querían llevar por ellas mismas los cambios, dando pie a ciertas tensiones y a un replanteamiento sobre el tema del poder. Aun con todo, por segunda vez en la historia, el feminismo se convirtió en un movimiento de masas cuyo gran empuje dio como resultado, en los países occidentales, la creación de organismos específicos para las mujeres y la puesta en marcha de políticas de igualdad.

Pero la historia se repite, y a la acción del movimiento feminista le siguió un periodo de latencia, que no de inacción, ya que se irá fraguando la redefinición de la realidad que inspirará las nuevas luchas de las mujeres. Durante los años 80, las políticas conservadoras lideradas por Ronald Reagan, en Estados Unidos, y Margaret Thatcher, en Reino Unido, supusieron una reacción patriarcal cuyos consecuencias, según Varela (2019), todavía arrastramos. La autora sostiene que esos años de cierto repliegue del feminismo, que se alargaron hasta dar paso al nuevo siglo, sirvieron para que las feministas tomaran conciencia, por una parte, de cómo el neoliberalismo precarizaba a buena parte de las mujeres en todo el mundo y, por otra, de que era necesario abrir un debate profundo sobre el sujeto mujer, dada la presencia cada vez mayor de sujetos periféricos como migrantes, lesbianas o *queer*.

Actualmente encontramos trabajos de gran parte de la academia - entre cuyas autoras se encuentran Justa Montero, Nuria Varela, Rosa Cobo, Alicia Miyares, Judith Muñoz Saavedra y Kira Cochrane - que defienden que estamos en una cuarta ola (Garrido-Rodríguez, 2021). Para Varela (2019), la gran crisis de 2008 y la aparición del fascismo en forma de partidos políticos o de candidaturas presidenciales provocaron el levantamiento de las mujeres en forma de tsunami. "Ha aparecido esta cuarta ola como una reacción feminista en la que el cansancio, el hartazgo y la indignación son capital político" (p. 155).

Algunos de los ejemplos de ese resurgir feminista los encontramos en la *Women's March*[7], que tuvo lugar al

___

[7] La *Women's March* fue convocada el 21 de enero de 2017 y se calcula que, en total, se produjeron 637 marchas en todo el mundo, congregando entre cinco y siete millones de personas. La marcha más importante fue la de Washington, a la que asistieron medio millón de mujeres y hombres.

día siguiente de la toma de posesión como presidente de Donald Trump, hombre conocido por sus comentarios denigrantes hacia las mujeres, y que se convirtió en la movilización más multitudinaria en Estados Unidos desde la Guerra de Vietnam. Sólo unos meses más tarde, después de que el periódico *The New York Times* publicara un reportaje sobre las agresiones sexuales cometidas por el productor de Hollywood Harvey Weinstein, millones de mujeres de todo el mundo, bajo el *hashtag* #MeToo, denunciaron las situaciones de acoso sexual sufridas a manos de los hombres. Unos meses después, en septiembre de 2018, las mujeres de Brasil se organizaron contra las políticas misóginas del gobierno de Bolsonaro, protagonizando manifestaciones por todo el país.

Además, no hay que olvidar que el 8 de marzo de 2017, 2018 y 2019, mujeres de todas las edades exigieron, en manifestaciones masivas demostrando así la fortaleza del feminismo, el fin del acoso sexual, la brecha salarial, la violencia patriarcal y la prostitución. Pero esto último no sólo ocurría en España, sino que en otros países, como Argentina, Turquía, Arabia Saudí o Israel, las mujeres protagonizaron acciones políticas diversas en defensa de sus derechos (Cobo, 2019b). De hecho, el primer paro internacional de mujeres, que tuvo lugar el 8M de 2017, contó con el apoyo de más de 50 países, y justo un año después el movimiento feminista convocó una huelga internacional laboral, estudiantil, de cuidados y de consumo que contó con la adhesión de 170 países.

Cobo (2019a) atribuye a este periodo actual una serie

de características que serían las que nos permitirían hablar de una ola con entidad propia. Entre ellas está el hecho de que por primera vez en la historia no hallemos un solo país sin presencia de organizaciones que defiendan los derechos de las mujeres. Frente a las anteriores tres olas, situadas fundamentalmente en el continente americano y Europa, nos encontramos con un movimiento global, internacional, mostrando así lo necesarias que son las ideas feministas en todo el planeta.

Otra característica radicaría en el poder de convocatoria del feminismo o, dicho de otro modo, en su habilidad para atraer a mujeres no militantes de todas las edades debido a que ha sido capaz de colocar en el centro simbólico de la sociedad la necesidad de justicia para las mujeres. A su intergeneracionalidad se suma la heterogeneidad de sus militantes y simpatizantes. En esta misma línea se manifiesta Varela (2019) al aseverar que el feminismo de la cuarta ola constituye un movimiento más amplio, más ancho, debido al fenómeno de la interseccionalidad, es decir, al hecho de que ha asumido el multiculturalismo, las diferentes interpretaciones que suscitan las desigualdades, y la diversidad de las mujeres expresada según la clase, raza, preferencia sexual, etc. Como consecuencia, nos encontramos con "agendas múltiples y pactadas entre un gran espectro de sujetos políticos bajo los ideales de emancipación, justicia social, libertad y no discriminación" (p. 157).

La cuarta característica de la cuarta ola tiene que ver con los modos que el feminismo emplea para realizar sus reivindicaciones. Las redes sociales no sólo han favorecido la globalización del feminismo de la que hablábamos, sino también la creación de nuevas estructuras organizativas que ya nada tienen que ver con el asociacionismo clásico propio de la ola anterior. "Internet ha conectado a distintos grupos feministas a través del mundo y ha permitido la circulación de ideas, recursos y formas de comportamiento solidario" (Varela, 2019, p. 156). "Las mujeres más jóvenes han articulado una comunidad virtual feminista que ha operado junto a las organizaciones presenciales que están ancladas en la sociedad civil" (Cobo, 2019b, p. 13). Esta autora insiste en este fenómeno consistente en que, primero, las generaciones más jóvenes han conectado ideológicamente con las vindicaciones feministas y han hecho de las redes sociales su plataforma de actuación, y después, y sólo en algunos casos, esas mujeres se han ido acercando a organizaciones feministas o han optado por crear sus propias asociaciones y asambleas. Y decimos 'sólo en algunos casos' porque lo que diferencia a estos nuevos grupos de feministas jóvenes es que se unen, de manera real o virtual, en espacios bastante informales, muchas veces en torno a una acción concreta, y alejadas de las coordinadoras y de las asociaciones que cuentan con una estructura basada en estatutos, actas y puestos directivos.

A modo de resumen podemos afirmar que la primera ola, la que nace con la caída del Antiguo Régimen, reivindica el acceso a la ciudadanía para las mujeres y lo hace en torno al paradigma ético y político de la igualdad. Por primera vez se define un discurso feminista, así como unas prácticas políticas propias. La segunda ola, la que nace al ritmo de la Revolución Industrial, se articulará a través del sufragismo y centrará sus energías en la obtención del voto y de los derechos educativos para las mujeres, objetivos que se consiguieron tras la finalización de la Segunda Guerra Mundial debido, en gran parte, a que el feminismo se convirtió en un movimiento de masas. Le seguirá la tercera ola, la del feminismo radical, que se caracterizará, entre otras cosas, por entrar en el ámbito privado-doméstico, más concretamente en las esferas de la familia y la sexualidad, y en las relaciones de poder que se desarrollan en esos espacios, y a ella le debemos la aparición del estado de bienestar y las políticas públicas de igualdad. También esta ola contó con un movimiento de masas que secundó sus objetivos a través de grandes movilizaciones sociales.

La cuarta ola está definida por la tecnología. Internet no sólo es un instrumento que permite a las feministas organizar tanto campañas locales como mundiales de manera rápida y eficaz, sino que se ha convertido en un medio de comunicación alternativo que posibilita elaborar informaciones propias, distribuirlas de manera masiva, y conectar con el movimiento activista de mujeres a nivel mundial. La suma de millones de mujeres jóvenes al movimiento feminista de este periodo ha provocado que buena parte de las acciones se articulen alrededor de la denuncia de la violencia sexual, que es la que sufren especialmente las niñas, adolescentes y chicas más jóvenes, tanto de los países periféricos como de los centrales (Varela, 2019; Cobo, 2019b). Otros objetivos del periodo actual consisten en politizar los cuidados, el amor romántico o la maternidad, así como señalar al capitalismo neoliberal, en alianza con el patriarcado, como los responsables de haber colocado en el mercado a las mujeres como objetos de consumo a través de la prostitución, la pornografía y los vientres de alquiler (Cobo, 2019a).

SEGUNDA PARTE

Resultados de la investigación

1

LA COMARCA DE L'HORTA NORD Y SUS AGRUPACIONES DE MUJERES

La comarca de l'Horta Nord, que es el ámbito geográfico en el que se inscribe la presente investigación, es una comarca valenciano parlante perteneciente a la provincia de València. No tiene una capital oficialmente designada por la Generalitat Valenciana, pero sí que existen municipios con consideración de cabeza de partido judicial. Los municipios más importantes son Paterna, que es el de mayor población con 71.880 habitantes según datos oficiales del Instituto Nacional de Estadística del año 2022, seguido de Burjassot (38.880 habitantes), Alboraia (25.149), Moncada (21.913) y Puçol (20.191).

Según las cifras oficiales de población de los municipios españoles, en el año 2022 el número de habitantes en la comarca de l'Horta Nord ascendió a 305.422. En concreto, la población femenina fue de 155.870 y la masculina de 149.552, es decir, el número de mujeres fue superior al de hombres en un 1,04%. Esa mayor proporción se dio en todos los municipios de esta comarca a excepción de La Pobla de Farnals, Museros y Emperador, donde el número de hombres fue algo superior al de mujeres.

Geográficamente hablando, la comarca de l'Horta Nord, que se sitúa en el centro-oriental de la Comunitat Valenciana, limita al norte con la comarca del Camp de Morvedre, al sur con la de València y l'Horta Sud, al oeste con la de Camp de Túria, y con el mar Mediterráneo al este. Su superficie, de acuerdo con el Institut Cartogràfic Valencià, es de 176 km2.

El 1 de enero de 2023 se actualizó oficialmente la delimitación comarcal de l'Horta Nord con la inclusión del municipio de Paterna. Hasta entonces, esta localidad formaba parte de l'Horta Oest, pero esta comarca se disolvió con la Ley 8/2022 de medidas fiscales, de gestión administrativa y financiera, y de organización de la Generalitat Valenciana. De este modo, desde el 2023 la comarca de l'Horta Nord pasó de tener 22 municipios a 23, que son los siguientes: Paterna, Burjassot, Alboraia, Moncada, Puçol, Massamagrell, Godella, Meliana, Rafelbunyol, Tavernes Blanques, El Puig de Santa Maria, La Pobla de Farnals, Rocafort, Foios, Almàssera, Museros, Albuixech, Albalat dels Sorells, Bonrepòs i Mirambell, Vinalesa, Alfara del Patriarca, Massalfassar y Emperador.

Se trata de una comarca que conserva buena parte de la huerta de manera activa, pero que en gran medida ha sido sustituida por suelo residencial, comercial y de infraestructuras viarias. Y es que, desde mediados del s.

XIX la ciudad de València comenzó a expandirse sobre la huerta que la rodeaba, al principio de una manera lenta y sostenible, pero a partir de las primeras décadas del siglo pasado de una manera acelerada, lo que ha provocado que su supervivencia esté seriamente comprometida (Universitat de València, s.f.). Dicho de otro modo, el crecimiento urbanístico descontrolado ha provocado la progresiva disminución de los espacios agrarios y la degradación de los paisajes hortícolas, situación que es prácticamente imposible de revertir, por lo que los esfuerzos se centran, a día de hoy, en mantener aquello que no ha desaparecido, pero que está en riesgo de morir.

Pues bien, en este contexto ubicamos el presente trabajo, una investigación que nos ha llevado a acercarnos a un total de 49 organizaciones de mujeres ubicadas en 22 de los 23 municipios que conforman esta comarca valenciana. Decimos 22 porque la localidad de Massalfassar no cuenta con ninguna asociación integrada exclusivamente por mujeres, posiblemente debido a su reducido número de habitantes, 2.587, aunque por detrás de ella aún encontramos un municipio mucho más pequeño, Emperador, con 705 vecinas y vecinos, que sí que tiene una asociación femenina.

En la Tabla 1 se muestran los nombres de dichas asociaciones de mujeres y asociaciones feministas, agrupadas por municipios, y también se señalan las únicas 5 organizaciones que no han querido colaborar en este estudio y que, como consecuencia, ni han sido entrevistadas ni han sido tenidas en cuenta en los porcentajes y estadísticas que iremos desgranando a lo largo de las siguientes páginas.

Tabla 1

Relación de las 49 organizaciones de mujeres existentes en los 23 municipios de l'Horta Nord

ALBALAT DELS SORELLS:
Asociaciòn amas de casa dels Sorells*.
ALBORAIA:
Tyrius Alboraia, Dones feministes d'Alboraia, Dones actives d'Alboraia, Rosella cultura i art, Amamanta Alboraia.
ALBUIXECH:
Tyrius Albuixech.
ALFARA DEL PATRIARCA:
Tyrius Alfara del Patriarca.
ALMÀSSERA:
Amas de casa Arco Iris.
BONREPÒS I MIRAMBELL:
Dones de Bonrepòs i Mirambell.
BURJASSOT:
Tyrius Burjassot, Associació teatral Paraules i Dones, Grup de dones de Burjassot, Por ti mujer*.
EL PUIG DE SANTA MARIA:
Tyrius El Puig de Santa Maria.
EMPERADOR:
Associació cultural ames de casa d'Emperador.
FOIOS:
Tyrius Foios, Dones de Foios.
GODELLA:
Tyrius Godella, Associació feminista de dones A cada lluna,

Dona sana.

Associació per la integración de la dona Penya què més dona, Mujeres por la sororidad, Dones de La Pobla de Farnals, Mujeres por las labores tradicionales.

MASSALFASSAR:

-

MASSAMAGRELL:

Asociación de la mujer de Massamagrell, Asociación de mujeres La Magdalena.

MELIANA:

Espai d'infantesa i criança La Garrofera, Amamanta Meliana, Tyrius Meliana*.

MONCADA:

Col.lectiu de dones feministes de Moncada, Tyrius Moncada, Marelactam.

MUSEROS:

Tyrius Museros*.

PATERNA:

Tyrius Paterna, Mujeres africanas de Paterna y la Comunidad Valenciana, Associació feminista Adona't de La Canyada, Mujeres de La Cañada, Asociación cultural mujeres de Santa Rita, Amas de casa emprendedoras de La Coma, Mujeres trabajadoras de Paterna*.

PUÇOL:

Tyrius Puçol, Col.lectiu de dones de Puçol.

RAFELBUNYOL:

Tyrius Rafelbunyol.

ROCAFORT:

Tyrius Rocafort, Col.lectiu feminista 19J de Rocafort.

TAVERNES BLANQUES:

Col.lectiu de dones.

VINALESA:

Tyrius Vinalesa, Associació cultural de dones de Vinalesa.

TOTAL: 49 agrupaciones

Nota. Con un asterisco figuran las 5 asociaciones que han rechazado colaborar.

2

TIPOS DE ASOCIACIONES Y OBJETIVOS GENERALES

Uno de los objetivos de este trabajo consiste en averiguar cuántas asociaciones de mujeres y asociaciones feministas están en activo, a día de hoy, en la comarca de l'Horta Nord, pero también en conocer cuáles son los tipos de espacios asociativos que las mujeres crean y a través de los cuales desarrollan sus actividades. Es decir, se trata de saber para qué y por qué se agrupan, cuáles son sus objetivos últimos, y qué clase de actividades y proyectos desarrollan. Por ello, se presentó un abanico amplio de tipos[8] de entidades con la finalidad de que fuera cada agrupación la que señalara aquélla(s) que se ajustara(n) más a su perfil. Las opciones fueron las siguientes:

---

[8] Una clasificación parecida, y que ha servido de inspiración para la que aquí presentamos, la encontramos en *Las mujeres de Madrid como agentes de cambio social* (1995).

- Conciencia feminista: asociaciones que hacen de la vindicación y la reflexión sobre el feminismo su principal fuente de actividades.

- Conciencia feminista en las organizaciones: representan "el área" de la mujer en organizaciones mixtas como partidos políticos, sindicatos, etc.

- Promoción sociocultural: asociaciones que centran sus intereses en torno al desarrollo personal, la promoción educativo-cultural y/o la participación en actividades grupales (labores, actividades de ocio, artesanía).

- Promoción sociocultural con perspectiva feminista: asociaciones del grupo anterior a las que se le suma la reivindicación o conciencia feminista.

- Asociaciones con fines sectoriales: aquéllas cuyas asociadas buscan unir sus intereses, definiendo las actividades en torno a su especificidad. Ej: madres contra la droga, madres lactantes, asociaciones de viudas, asociaciones de mujeres divorciadas, etc.

- Profesionales: son aquéllas que buscan la defensa de una determinada actividad laboral o campo profesional. Ej: asociaciones de mujeres abogadas, docentes, empresarias, etc.

- Bienestar social/asistenciales: son entidades que desarrollan actividades dirigidas a la atención, ayuda y orientación de diversos sectores de mujeres vulnerabilizadas. Ej: asociaciones de ayuda a víctimas de violencia de género, consulta jurídica para mujeres, ayuda psicológica para mujeres, servicios de bolsa de empleo para mujeres, etc.

- Vecinales: asociaciones cuyo ámbito de actuación consiste en dinamizar su entorno local (fiestas, etc.).
- Inmigrantes: son aquéllas encaminadas a informar y orientar a las mujeres inmigrantes.
- Promoción laboral: asociaciones que tienen como objetivo la capacitación de las mujeres para su incorporación al mercado de trabajo.
- Promoción de la salud: asociaciones cuyos objetivos son la información y divulgación de temas de salud que atañen a las mujeres.
- Deportivas: asociaciones que tienen como objetivo el desarrollo de actividades deportivas.

Las 44 asociaciones entrevistadas se concentran en 7 de estas 12 opciones, siendo la de "promoción sociocultural" la que más entidades reúne, en concreto, 26. Le sigue el grupo de asociaciones de "promoción sociocultural con perspectiva feminista", con un total de 7, seguido muy de cerca por el grupo de asociaciones feministas o con "conciencia feminista" en el que encontramos a 6 colectivos. Dentro del grupo de "asociaciones con fines sectoriales" tenemos 3 organizaciones las cuales se centran, todas ellas, en el ámbito de la lactancia materna. Estas mismas agrupaciones señalan, a su vez, la opción de "promoción de la salud" como tipo de asociación que se ajusta también a su perfil. Finalmente, encontramos 1 asociación de "ámbito vecinal" y 1 de tipo "deportivo".

Tabla 2

Tipos de organizaciones de mujeres en l'Horta Nord

TIPO DE ORGANIZACIÓN	Nº DE ASOCIACIONES
Promoción sociocultural	26
Promoción sociocultural con perspectiva feminista	7
Conciencia feminista	6
Con fines sectoriales + promoción de la salud	3
Ámbito vecinal	1
Ámbito deportivo	1
	TOTAL: 44

A continuación, podemos ver en las próximas páginas y a través de las Tablas 3, 4, 5, 6, 7 y 8 las asociaciones de la comarca agrupadas de acuerdo con la clasificación expuesta, así como sus principales objetivos y actividades, de modo que esto nos permite conocerlas y saber hacia dónde van encaminados todos sus esfuerzos.

El primer grupo, el de las "asociaciones de promoción sociocultural" cuyo cuadro resumen figura en la Tabla 3, es, como hemos señalado, el más numeroso. En él encontramos a un 59,1% del total o, lo que es lo mismo, a 26 agrupaciones de mujeres. Sus actividades se centran en la realización de talleres de diverso tipo, más concretamente la cerámica, la pintura, los bolillos, la costura, el punto de cruz, la restauración, el pirograbado, el *patchwork*, el *scrapbooking*, el patronaje, los bordados en tul, el encaje valenciano, la confección de abalorios, la decoración o la cocina. Además, muchas de ellas realizan actividades que promueven la salud de sus socias a través de yoga, pilates, gimnasia, danza del vientre, bailes de salón, baile en línea, sevillanas o zumba.

Este tipo de asociaciones también se caracterizan por tener, entre sus actividades, la organización de meriendas y cenas para sus socias, una de las iniciativas que, según manifiestan, tiene más éxito y concurrencia. Además, muchas de ellas, aunque no todas, suelen organizar excursiones de un día dentro de la Comunitat Valenciana, o viajes de varios días, en cuyo caso suelen desplazarse en autobús a otras comunidades autónomas.

A las tres meriendas que hacemos durante el curso acude mucha gente. A esto vienen corriendo, es decir, a tener el chocolate ya preparado y a jugar al bingo. Es lo que más les motiva (participante nº 65).

La gente lo que quiere es esto: hacer algún viajecito, reunirse aquí y hablar, hacer sus cosas, relajarse un poco.... Somos una asociación cómoda. No estamos enfocadas a la reivindicación o a la política (participante nº 2).

Hay motivaciones distintas, desde un grupo de mujeres que se juntan y hablan de sus enfermedades, hasta las que vienen a jugar a juegos de mesa porque les hace pasar un buen rato. Son mujeres a las que les gusta hacer cosas, y aquí encuentran compañía. Luego hay otro grupo que a lo mejor sólo vienen a yoga porque quieren mantenerse activas (participante nº 84).

Algunas de estas asociaciones también hacen escapadas de tipo cultural para ver una obra de teatro, un musical, un concierto o una exposición. Otras, aunque son la minoría, organizan conferencias de temas variados como risoterapia, consumo o envejecimiento saludable. Sin embargo, según señalan, estas charlas no suelen atraer a muchas socias, por lo que las han ido eliminando de la parrilla de actividades anuales.

Por último, y como otra característica propia de este tipo de agrupaciones, hay que destacar que algunas colaboran con distintos organismos mediante la organización de actividades de tipo benéfico como la donación de sangre, la recaudación de fondos para la investigación del cáncer de mama, o la venta de manualidades en mercadillos solidarios cuyos beneficios se destinan a diferentes causas.

Podríamos decir que son colectivos que actúan como agentes de promoción cultural, realizando innumerables actividades que desarrollan las capacidades personales de sus asociadas, dinamizando el entorno en que se ubican y potenciando una forma de ocio activa (Asociación de Mujeres Páginas Violeta, 2023). Según Yeves (2014), se trata de espacios asociativos tradicionales e institucionalizados y, aunque muchos provengan de la época de la dictadura, constituyen "uno de los fenómenos asociativos que mayor capacidad de permanencia y adaptación al cambio ha demostrado" (p. 66).

Es de rigor que nos detengamos un momento en las asociaciones Tyrius. En concreto, 12 de las 26 agrupaciones que se encuentran en este grupo de colectivos de "promoción sociocultural" son asociaciones *Tyrius, de amas de casa y consumidores*. Tyrius, según queda recogido en su página web (https://tyrius.org/nosotras/), es una entidad de ámbito autonómico, constituida en el año 1967, y declarada de utilidad pública en 1978. De acuerdo con sus estatutos, uno de sus fines es el fomento de la educación y la defensa de los intereses del ama de casa, consumidores y usuarios, y se ha convertido en la organización valenciana de consumidoras y consumidores con mayor implantación en la Comunitat Valenciana, ya que cuenta con más de 100.000 personas afiliadas.

Es importante señalar que las más de 220 asociaciones Tyrius establecidas por toda la geografía valenciana cuentan con total autonomía. De hecho, cada una de ellas dispone de sus propios estatutos, su CIF y su firma digital, y la única obligación que mantienen con la sede central consiste en transferir un 10% del total de los ingresos que obtienen del pago de las cuotas de sus socias. A cambio, éstas cuentan con asesoramiento legal, atención psicosocial, y ayuda en reclamaciones en materia de consumo, entre otros beneficios.

Tyrius nació en medio de una dictadura y con unas premisas muy rígidas sobre las funciones que debían desempeñar las mujeres en la sociedad: ser madres y buenas esposas. En ese contexto, por ejemplo, se exigía que las presidentas de las asociaciones Tyrius estuviesen casadas, y muchas reivindicaciones, según nos han explicado, "debían guardarse en el cajón". Además, las primeras mujeres que crearon estas asociaciones Tyrius tuvieron que soportar insultos, miradas de reproche y comentarios misóginos, ya que muchos hombres no querían que las mujeres se organizasen, aunque sus fines fueran los propios de la economía doméstica.

Durante un tiempo estuvimos reuniéndonos en el piso de arriba del Centro Artístico Musical, y eso suponía cruzarnos con un montón de hombres que estaban en el bar y que nos decían: "Aneu a casa a fer faena". Este tipo de comentarios eran constantes (participante n° 67).

En definitiva, la historia de Tyrius es también la historia de las mujeres valencianas, de su rol social y familiar, de sus obligaciones impuestas, pero también de sus inquietudes y anhelos.

Tabla 3
Objetivos de las asociaciones de mujeres de promoción sociocultural

Tyrius Alboraia:
- Promoción de actividades socioculturales y de ocio para las mujeres: pintura, teatro, cerámica y juegos de mesa (parchís y dominó).
- Promoción de la salud a través de yoga, pilates y danza del vientre.
- Promoción de acceso a la cultura para las mujeres a través de excursiones y de asistencia a obras de teatro.
- Comidas y meriendas para las socias.
- Exposición anual dando a conocer sus habilidades.
Dones actives d'Alboraia:
- Promoción de actividades socioculturales y de ocio para las mujeres: restauración de muebles, bolillos, pintura, costura y punto de cruz.
- Promoción de la salud a través del yoga y del baile.
- Exposición anual dando a conocer sus habilidades.
- Participación (y organización) en las concentraciones anuales de bolilleras.
- Meriendas para las socias.

- Promoción de actividades socioculturales y de ocio para las mujeres: bordado, costura, bolillos, pintura, pirograbado, *fofuchas* y manualidades.
- Visitas culturales a València.
- Comida anual para las socias.
- Exposición anual dando a conocer sus habilidades.

- Promoción de actividades socioculturales y de ocio para las mujeres: bolillos, labores y manualidades.
- Comidas para las socias.
- Exposición anual dando a conocer sus intereses y habilidades durante la Setmana de la Dona.
- Participación en la concentración de bolilleras que se celebra, anualmente, en un municipio distinto.

- Meriendas y cenas para las socias.
- Actividades de ocio para las mujeres: parchís y bingo.

- Promoción de actividades socioculturales y de ocio para las mujeres: bolillos, ganchillo, *patchwork* y patronaje.
- Promoción de la salud a través de gimnasia y baile.
- Comidas, meriendas y cenas para las socias.
- Excursiones y viajes.
- Exposición anual dando a conocer sus intereses y habilidades, así como una exhibición de baile.

- Promoción de actividades socioculturales y de ocio para las mujeres: corte y confección y juegos de mesa (dominó, parchís, rummi).
- Promoción de la salud a través de bailes de salón y baile en línea.
- Comidas, meriendas y cenas para las socias.
- Organización de un concurso de tartas.

- Conferencias/charlas sobre temas diversos.
- Promoción de acceso a la cultura para las mujeres a través de excursiones, viajes, y asistencia a obras de teatro y zarzuelas.
- Preparación y estreno en el Teatro Tívoli de una obra de teatro cada año.
- Promoción del cuidado y desarrollo personal a través del taller "Vivir en positivo".

Grup de dones de Burjassot:
- Organización de charlas sobre salud física, psicológica y mental.
- Venta de manualidades hechas por las socias en el mercadillo medieval de Burjassot donando lo recaudado a diferentes organizaciones.
- Cooperación al desarrollo mediante el apadrinamiento de 2 niñas de Latinoamérica.

Tyrius El Puig de Santa Maria:
- Promoción de actividades socioculturales y de ocio para las mujeres: bolillos y bailes de salón.
- Promoción de acceso a la cultura para las mujeres a través de salidas culturales (cine, museos), excursiones y viajes.
- Comidas y meriendas para las socias.
- Charlas sobre risoterapia, consumo, salud, etc.
- Participación en actos benéficos recaudando dinero y donándolo a causas benéficas.

Associació cultural ames de casa d'Emperador:
- Promoción de actividades socioculturales y de ocio para las mujeres: cerámica y juegos de mesa.
- Exposición anual dando a conocer sus intereses y habilidades.
- Meriendas y cenas para las socias.
- Salidas para ver alguna obra de teatro.
- Colaboración con el ayuntamiento realizando los azulejos con el nombre de las calles.
- Colaboración con la Carrera 5K realizando los trofeos.

Tyrius Godella:

- Promoción de actividades de ocio para las mujeres: *patchwork*, costura, bolillos, bingo y parchís.
- Promoción de la salud a través de yoga, gimnasia y bailes de salón.
- Excursiones de un día y organización de 3 viajes al año por la Comunitat Valenciana.
- Comidas y meriendas para las socias.
- Exposición anual de los trabajos realizados y exhibición de baile.
- Charlas en torno a temas variados.
- Colaboración con el ayuntamiento para la celebración del 8M y el 25N.
- Colaboración con otras organizaciones (cáncer, extracción de sangre...).

Dones de La Pobla de Farnals:

- Promoción de actividades socioculturales y de ocio para las mujeres: bordados en tul.
- Promoción de la salud a través de yoga, sevillanas, zumba y bailes de salón.
- Excursiones y viajes para las socias.
- Meriendas y cenas para las socias.

Mujeres por las labores tradicionales (La Pobla de Farnals):

- Promoción de actividades socioculturales y de ocio para las mujeres: ganchillo, cadeneta, vainica, bolillos, pintura en tela, cerámica y confección de muñecas.
- Comidas para las socias.
- Participación/organización en la concentración de bolilleras que se celebra cada año en un municipio distinto.
- Exposición anual dando a conocer sus habilidades con las labores y las manualidades.

Asociación de la mujer de Massamagrell:

- Promoción de actividades socioculturales y de ocio para las mujeres: barro, bolillos, bordados en tul, manualidades y parchís.

- Organización de excursiones de tipo cultural, así como de un viaje al año.
- Organización de cenas y baile para las socias.

Asociación de mujeres La Magdalena (Massamagrell):

- Promoción de actividades socioculturales y de ocio para las mujeres: costura.
- Promoción de la salud a través de sevillanas, zumba y bailes de salón.
- Organización de cursos de formación no reglada: informática.
- Organización de excursiones y viajes.
- Organización de comidas, meriendas y cenas para las socias.
- Organización de charlas sobre temas variados.

Tyrius Moncada:

- Promoción de actividades socioculturales y de ocio: encaje valenciano, ganchillo, teatro, juegos de mesa, y corte y confección.
- Promoción de la salud a través de yoga, gimnasia y un taller de memoria.
- Organización de salidas culturales y viajes por la Comunitat Valenciana.
- Comidas, meriendas y cenas para las socias.
- Organización y representación anual de una obra de teatro.
- Organización de charlas sobre temas variados: envejecimiento saludable, mujeres y poesía...

Tyrius Paterna:

- Promoción de actividades socioculturales y de ocio: juegos de mesa.
- Promoción de la salud a través del yoga.
- Organización de charlas sobre temas variados: salud, temas jurídicos, etc.
- Organización de excursiones y viajes.
- Comidas y meriendas para las socias.

Mujeres de La Cañada (Paterna):

- Colaboración económica con ONG a partir del dinero que obtienen con la venta de sus manualidades.
- Promoción de actividades socioculturales y de ocio: *crochet*, *patchwork*, pintura, teatro, escritura, cocina y *scrapbooking*.
- Organización de salidas al teatro, de visitas culturales y de viajes trimestrales.
- Comidas y meriendas para las socias.
- Organización de cursos de formación no reglada: informática, español para extranjeras/os, inglés y francés.
- Organización de una merienda, tanto en Pascua como en Navidad, para las niñas y niños del barrio.

Asociación cultural mujeres de Santa Rita (Paterna):

- Promoción de actividades socioculturales y de ocio: costura, juegos de mesa, ganchillo, confección de abalorios y baile.
- Organización de charlas para el desarrollo psicosocial.
- Organización de excursiones culturales.
- Organización de meriendas y cenas para las socias.

Tyrius Puçol:

- Promoción de actividades socioculturales y de ocio: bolillos, *socarrats*, *patchwork* y cerámica.
- Promoción de la salud a través de gimnasia y bailes de salón.
- Organización de excursiones y viajes.
- Organización de presentación de libros.
- Organización de charlas sobre temas variados.
- Organización de meriendas para las socias.

Col.lectiu de dones de Puçol:

- Promoción de actividades socioculturales y de ocio: tul, cerámica, pintura y costura.
- Organización de excursiones y viajes.
- Organización de charlas sobre temas variados.
- Organización de meriendas y comidas para las socias.

- Colaboración con el ayuntamiento en la Setmana de la Dona con actividades propias.
- Exposición anual dando a conocer sus intereses y habilidades.

Tyrius Rafelbunyol:
- Promoción de actividades socioculturales y de ocio: manualidades, corte y confección, y cocina.
- Promoción de la salud a través del baile, pilates y yoga.
- Organización de viajes.
- Organización de una cena a final de curso para las socias.
- Exposición anual dando a conocer sus intereses y habilidades.
- Colaboración en la campaña contra el cáncer donando el dinero que recaudan a partir de la venta de manualidades en un mercado solidario.

Tyrius Rocafort:
- Promoción de actividades socioculturales y de ocio para las mujeres: pintura, dibujo, carboncillo y encaje valenciano.
- Promoción de la salud: zumba y pilates.
- Promoción de acceso a la cultura: asistencia a obras de teatro y zarzuela.
- Organización de comidas y cenas para las socias.
- Organización de una exposición anual en la que muestran sus habilidades.
- Organización de charlas sobre temas variados.
- Colaboración con el ayuntamiento durante la Setmana de la Dona.

Col.lectiu de dones (Tavernes Blanques):
- Promoción de actividades socioculturales y de ocio para las mujeres: pintura y *patchwork*.
- Promoción de la salud: yoga.
- Organización de cenas para las socias.
- Organización de una exposición durante la Setmana de la Dona en la que muestran sus habilidades.

Tyrius Vinalesa:

- Promoción de acceso a la cultura: asistencia a obras de teatro.
- Organización de meriendas y cenas para las socias.
- Organización de una exposición anual con pinturas y manualidades hechas por las socias.
- Organización de charlas sobre temas variados.
- Organización de excursiones.
- Colaboración con una ONG donando el dinero que obtienen de la venta de manualidades en un mercadillo.

Associació cultural de dones de Vinalesa:

- Promoción de actividades socioculturales y de ocio para las mujeres: manualidades, pintura al óleo, acuarela, restauración y decoración.
- Organización de meriendas para las socias.
- Colaboración con el ayuntamiento en la organización de actividades durante la Setmana de la Dona.

El segundo tipo de asociaciones más numeroso y cuyo resumen figura en la Tabla 4 es el denominado de "promoción sociocultural con perspectiva feminista". En él encontramos a 7 agrupaciones, lo que en términos porcentuales representan un 15,9%, y si bien sus actividades tienen muchas similitudes con respecto al grupo anterior, todas ellas, excepto una, ante la pregunta de si se autoperciben como asociaciones feministas (aunque sus actividades principales no se centren en la defensa de los derechos de las mujeres), dan una respuesta afirmativa. Por ello, entre los objetivos de estas 7 entidades podemos observar una mayor implicación en fechas clave para la defensa de las mujeres como son el 25N, Día internacional de la eliminación de la violencia contra las mujeres, y el 8M, Día internacional de las mujeres.

Somos una asociación que hemos ido cambiando a lo largo del tiempo. Al principio sólo hacíamos manualidades, pero hemos ido incorporando otras necesidades de tipo cultural, de talleres, de salidas de ocio y tiempo libre, y también acciones de tipo reivindicativo (participante nº 3).

Observando el tipo de actividades que desarrollan estas 7 agrupaciones, podemos afirmar que ese plus en perspectiva feminista destaca, especialmente, en el caso de la Associació teatral Paraules i Dones, de Burjassot, que cuenta con un programa de radio en el que se visibilizan a las mujeres de diferentes ámbitos como el deporte, la poesía o la música. Además, estrenan dos obras de teatro al año, coincidiendo con el 25N y el 8M, que siempre giran en torno a temas que afectan directamente a las mujeres.

El reto es visibilizar y empoderar a las mujeres porque por desgracia no baja el número de mujeres maltratadas, no baja el techo de cristal, no hay más corresponsabilidad, no baja la brecha salarial, así que tenemos que seguir luchando, pero pensando en cómo contarlo para que llegue a más gente (participante nº 49).

Otra asociación que destaca por su perfil feminista, aunque sus actividades se centren fundamentalmente en la promoción sociocultural, es Espai d'infantesa i criança La Garrofera, de Meliana.

Nuestra asociación nace desde el feminismo por-

*que decidimos dejar al margen a nuestras pare-
jas, ya que queríamos sentar unas bases feministas y que tuvieran nuestra perspectiva y visión
como mujeres y madres. Pero una vez sentadas
las bases, sí que nuestras parejas entraron a formar parte de nuestra asociación la cual se basa
en fomentar el compartir la crianza y las responsabilidades. Ahora tenemos en mente hacer grupos de trabajo no mixtos para poder hablar de
una manera más libre (participante nº 26).*

Finalmente, Dones de Foios pone en valor su anhelo
por organizar charlas sobre temas como la prostitución
o la violencia de género, o por participar e implicarse en
todo lo que desde el ayuntamiento de su municipio se
organice con motivo del 25N y el 8M.

*Somos reivindicativas. Hace ya 8 años que desde
el ayuntamiento se organiza una manifestación
por el pueblo para el 8M, y allí estamos nosotras.
Además, leemos el manifiesto en la plaza. Para el
25N también encendemos una vela por cada mujer y niña asesinada (participante nº 6)*

Tabla 4
*Objetivos de las asociaciones de promoción sociocultu-
ral con perspectiva feminista*

Dones de Bonrepòs i Mirambell:
- Promoción de actividades socioculturales y de ocio para las mujeres: cerámica, *patchwork* y manualidades.
- 4 visitas culturales al año.

-   Promoción de la participación política de las mujeres: 8M y 25N.
-   Realización de exposiciones sobre mujeres en el arte, en la música, etc.
-   Participación anual en un mercadillo solidario.

-   Organización de recitales de poesía.
-   Talleres de expresión corporal e improvisación.
-   Visitas culturales a exposiciones.
-   Organización y estreno de, al menos, 2 obras de teatro al año (con motivo del 25N y el 8M).
-   Organización de *masterclass* con profesionales del mundo del teatro.
-   Asistencia a obras de teatro.
-   Realización de un programa de radio visibilizando a mujeres de diferentes ámbito: música, deporte, etc.

-   Promoción de actividades de ocio para las mujeres: pintura.
-   Promoción de la salud a través de yoga, *aquagym* y gimnasia.
-   Salidas para ver alguna obra de teatro, zarzuela u ópera.
-   Charlas en torno a temas diversos como saber decir que no o risoterapia.
-   Descubrir la Comunitat Valenciana a nivel paisajístico, cultural e histórico a través de excursiones.
-   Organización de comidas y cenas para las socias.
-   Organización anual de una exposición donde las niñas y niños explican lo que es la Navidad.

-   Promoción de actividades socioculturales y de ocio para las mujeres: *patchwork*.
-   Promoción de la cultura: visitas culturales (museos, teatro, musicales), excursiones y viajes.
-   Meriendas y cenas para las socias.
-   Exposición anual de trabajos hechos en *patchwork*.

- Organización de charlas en torno a temas que afectan directamente a las mujeres como la prostitución o la violencia de género.
- Organización de un acto anual en torno a la lectura.
- Organización de actos con motivo del 8M y el 25N.
- Organización de un homenaje a las socias más mayores (cada 4 años).

Espai d'infantesa i criança La Garrofera (Meliana):

- Creación de una base de datos (que proporcionan al ayuntamiento) con propuestas de música, baile, etc., que respeten la infancia.
- Organización de actividades en la calle: donación de ropa infantil y de juegos de segunda mano.
- Organización de charlas en torno a primeros auxilios y sexualidad.
- Organización de excursiones con bicicleta para familias.
- Organización de talleres experimentales con niñas y niños para dar la bienvenida a las estaciones del año.

Mujeres africanas de Paterna y la C. Valenciana (Paterna):

- Promoción de actividades socioculturales y de ocio: manualidades, costura y gancho africano.
- Gestión de un banco de alimentos para las socias.
- Colaboración con el ayuntamiento en la organización del 8M y del 25N, así como en las concentraciones mensuales contra los asesinatos machistas.
- Promoción de la cultura africana: baile, costumbres, etc.
- Organización de talleres de cocina de diferentes países para intercambiar ideas y dar a conocer sus cocinas respectivas.
- Gestión de un huerto ecológico con verduras y hortalizas africanas.
- Organización de charlas para dar a conocer la cultura africana.

Amas de casa emprendedoras de La Coma (Paterna):

- Promoción de actividades socioculturales y de ocio

para las mujeres: juegos de mesa, manualidades y pintura.
- Participación en un taller semanal de desarrollo personal organizado por Cáritas, así como de otro enfocado al desarrollo cognitivo.
- Participación en salidas culturales (cine, teatro, museos) organizadas por Cáritas.
- Organización de comidas y meriendas para las asociadas.
- Estudio de un país o de mujeres relevantes en la historia, así como de noticias de actualidad.

Las asociaciones que hemos denominado con "conciencia feminista", el tercer grupo más cuantioso y cuyo resumen figura en la Tabla 5, representan un 13,6% del total. Son 6 colectivos que hacen de la reflexión y vindicación sobre el feminismo su principal fuente de actividades. Por ello, organizan jornadas sobre temas diversos como los vientres de alquiler o la coeducación, charlas sobre los mitos del amor romántico, concursos de narrativa en torno a la violencia contra las mujeres, o proyectan películas con debate posterior con perspectiva feminista, entre otras iniciativas.

Además, muchas de ellas organizan concentraciones mensuales contra la violencia de género, haciendo visible de este modo los asesinatos de mujeres, niñas y niños a manos de hombres, y condenando la inacción de las Administraciones frente a estos crímenes machistas. Esta función de sensibilización sigue siendo una de las señas de identidad del movimiento feminista, labor que ha dado sus frutos, puesto que ha conseguido un rechazo social generalizado a la violencia de género, si bien es cierto que, desafortunadamente, no desciende el número de feminicidios[9].

A este grupo pertenecen entidades que dan prioridad a la difusión del pensamiento feminista por considerarlo una herramienta fundamental para transformar la sociedad y conseguir un mundo donde pertenecer al sexo femenino no suponga discriminación ni subordinación, sino autonomía y libertad.

Hay que destacar la implicación de la asociación Dones Feministes d'Alboraia en Editadona, una iniciativa que pretende nutrir Wikipedia con contenidos de mujeres del entorno más próximo, o la exposición urbana sobre los tipos de violencia que sufren las mujeres realizada por el colectivo Mujeres por la sororidad, de La Pobla de Farnals, y que acabó siendo vandalizada por hombres del municipio.

Lo que más recibimos fueron críticas de hombres diciendo que se habían sentido súper ofendidos y que iban a solicitar al ayuntamiento que se retirasen unos carteles en concreto en los que se les interpelaba a ellos. Que una mujer aparezca con el ojo morado no les ofende. Les ofende cuando nos dirigimos a ellos. El ayuntamiento nos apoyó y nos pidió que la volviéramos a sacar el 25N, pero entonces nos destrozaron los carteles. Pusimos una denuncia que nos sirvió para mostrar la violencia que sufrimos, porque ni siquiera nos dejan expresarnos, pero no vamos a agachar la

---

[9] Según datos oficiales del Ministerio de Igualdad, en el año 2023 fueron asesinadas 58 mujeres, 9 más que en el 2022. Según feminicidio.net, en el 2023 se produjeron 102 feminicidios y otros asesinatos de mujeres cometidos por hombres, frente a los 100 del 2022 o los 82 del año 2021.

cabeza (participante nº 18).

También es relevante el trabajo que realiza el Col.lectiu de dones feministes de Moncada para sensibilizar, desde las edades más tempranas, sobre el problema de las múltiples violencias que sufren las mujeres. Esta asociación lleva 10 años organizando un certamen de narrativa en el que las y los escolares de Primaria, Secundaria y Bachillerato expresan, en forma de relatos, poemas o cuentos, sus percepciones, sentimientos y pensamientos literarios para contribuir, de este modo, a la erradicación de la violencia machista. Todas las narraciones ganadoras fueron recopiladas en un libro, y en breve se editará otro con las mejores historias de los últimos cinco años.

Algunas otras reflexiones de estas asociaciones feministas giran en torno a la necesidad de sentirse acompañadas, de crear red para ser así más fuertes en sus luchas.

El vínculo más importante que existe entre nosotras es de amistad, pero hay diferencias dentro del grupo en cuanto a posturas feministas. No estamos de acuerdo en todo. Y lo que queremos es no tener que explicar a todo el mundo que entra qué es el feminismo, de ahí que no seamos un grupo muy abierto. Nosotras ese camino ya lo hemos hecho (participante nº 75).

Sentimos la necesidad de estar en un grupo para luchar por los derechos de las mujeres. Hay muchas mujeres solas en nuestro colectivo (viudas, separadas...), y saber que tienes un soporte, un apoyo que te nutre, es importante. Por lo tanto,

nos une una causa feminista y una social. Inten-
tamos que sea muy transversal, es decir, que na-
die se tire atrás por cuestiones políticas. Busca-
mos lo que nos une para trabajar juntas. Yo creo
que el pueblo es mejor gracias a que está nuestro
colectivo, pero no para nosotras, sino para todo
el mundo porque hay más escucha (participante
nº 72).

De este grupo hay que señalar también que lo constituyen asociaciones de reciente creación, a excepción del Col.lectiu de dones feministes de Moncada, que ya tiene 29 años de vida. Las otras 5 agrupaciones, sin embargo, han nacido en los últimos 7 años, por lo que podemos constatar que sus trayectorias son cortas y que incluso la vida de dos de ellas se tambalea en estos momentos, es decir, que se encuentran en un momento de replantearse hacia dónde van, con qué recursos cuentan, y si hay energía suficiente para seguir hacia adelante.

Tabla 5
Objetivos de las asociaciones con conciencia feminista

Dones feministes d'Alboraia:
- Promoción de la participación ciudadana y política de las mujeres: 8M, 25N y concentraciones mensuales contra los asesinatos machistas.
- Fomento de las investigaciones sobre mujeres colaborando en Editadona y celebrando el del Dia de la dona i la ciència.
- Promoción de la literatura hecha por mujeres a través de un Club de lectura.
- Fomento del feminismo a través de charlas, exposiciones y *perfomances*.

Associació feminista de dones A cada lluna (Godella):
- Organización de charlas sobre feminismo.
- Organización de visitas culturales con perspectiva feminista.
- Realización de actividades reivindicativas con motivo del 8M y el 25N.
- Autoformación a través de "píldoras violetas" sobre conceptos como androcentrismo, luz de gas, etc., lo que dio lugar al nacimiento del libro *A cada paraula*.
- Realización de una exposición itinerante.
- Investigaciones sobre las mujeres que dan nombre a calles del municipio.
- Práctica de senderismo: Passejada per l'Horta.

Mujeres por la sororidad (La Pobla de Farnals):
- Charlas sobre temas como la prostitución o los vientres de alquiler.
- Organización de exposiciones con el objetivo de despertar conciencias en torno a las múltiples violencias que sufren las mujeres.
- Realización de actos propios con motivo del 25N.

Col.lectiu de dones feministes de Moncada:
- Organización de un concurso anual de narrativa sobre la erradicación de la violencia de género con la participación del alumnado de primaria y secundaria de Moncada.
- Organización de una concentración mensual contra los asesinatos machistas.
- Organización de un taller de lectura (de escritoras).
- Organización de talleres de formación sobre autoestima, autocuidados...
- Colaboración con los actos que el ayuntamiento organiza en torno al 8M y el 25N.
- Organización de charlas sobre temas variados como violencia, sororidad, amor romántico, feminismo, coeducación, etc.
- Creación de exposiciones sobre mujeres invisibilizadas por la historia.

- Realización de propuestas al ayuntamiento como la consistente en que los edificios públicos lleven el nombre de mujeres relevantes.

Associació feminista Adona't de La Canyada (Paterna):
- Proyección de películas con debate posterior con perspectiva feminista.
- Charlas con ponentes feministas y sobre temas feministas.
- Organización de presentación de libros.
- Organización de visitas de tipo cultural.
- Colaboración con el ayuntamiento para la organización de actos en torno al 8M y el 25N.

Col.lectiu feminista 19J de Rocafort:
- Organización de visitas a museos con perspectiva feminista.
- Participación en las concentraciones mensuales contra la violencia de género.
- Organización de cenas con tertulia posterior sobre temas con perspectiva feminista.
- Organización de actividades variadas con motivo del 8M y el 25N.
- Organización de la Escuela de la Igualdad con debates, conferencias y charlas con perspectiva feminista.
- Organización de un concurso de relatos cortos con temática feminista.
- Fomento de la coeducación: lectura de cuentos feministas en los colegios del municipio el 8M y el Día del libro (23 de abril).

En la comarca de l'Horta Nord encontramos 3 "asociaciones con fines sectoriales" (6,8%), es decir, que reivindican o realizan actividades con una única temática o, dicho de otro modo, que se centran en un materia muy específica. Son Amamanta Alboraia, Amamanta Meliana y Marelactam, de Moncada (ver Tabla 6). Concretamente, estas organizaciones promueven acciones para la mejora de las necesidades prácticas de las mujeres que se acaban de convertir en madres. Pero, además, también fomentan la salud de las mujeres, por lo que estas asociaciones forman parte de 2 grupos distintos, de entre las 12 opciones propuestas.

Se caracterizan por incentivar la lactancia materna y dar apoyo y asesoramiento a las madres ante las dificultades, dudas y temores que les surgen en torno a la crianza. Todas ellas señalan la importancia de que los padres se impliquen en las diferentes fases por las que atraviesa la madre y la criatura recién nacida, pero señalan que son pocos los que acuden a los talleres que organizan semanalmente y que tienen lugar en los centros de salud de Alboraia, Meliana y Moncada. La asociación Marelactam de este último municipio tiene, además, entre sus objetivos, donar juguetes, libros, ropa y utensilios de bebé a las familias que lo necesiten.

Por su parte, Amamanta es la única asociación, junto con Tyrius, de las 44 que forman parte del estudio, que tiene un área geográfica de actuación que excede lo local, más concretamente se trata de una asociación de ámbito autonómico. Por ello, cuenta con una amplia red de madres voluntarias (que asesoran a madres primerizas), así como una sólida organización de jornadas de formación sobre temas muy diversos (en relación a la lactancia y la crianza), además de talleres por Internet abiertos a familias de todas partes de España y del extranjero.

La profesional sabe por lo que está pasando la madre, pero nosotras, las asesoras, como madres ya experimentadas podemos darle confianza, ya que hemos pasado por situaciones parecidas. Ese apoyo emocional entre iguales les ayuda mucho (participante nº 81).

Tabla 6

Objetivos de las asociaciones con fines sectoriales y de promoción de la salud de las mujeres

<table>
<tr><td>

Amamanta Alboraia:
- Promoción de la lactancia materna con el fin de hacerla visible y natural.
- Apoyo madre a madre a través de talleres semanales en los que se comparte la experiencia de amamantar, además de poner en común dudas, dificultades, emociones y técnicas.
- Voluntariado hospitalario en La Fe y en el Hospital de Manises consistente en proporcionar conocimientos sobre lactancia y ofrecer escucha emocional a las madres.
- Organización de charlas y jornadas de formación sobre lactancia y temas relacionados con la crianza.

Amamanta Meliana:
- Promoción de la lactancia materna con el fin de hacerla visible y natural.
- Apoyo madre a madre a través de talleres semanales en los que se comparte la experiencia de amamantar, además de poner en común dudas, dificultades, emociones y técnicas.
- Voluntariado hospitalario en La Fe y en el Hospital de Manises consistente en proporcionar conocimientos sobre lactancia y ofrecer escucha emocional a las madres.
- Organización de charlas y jornadas de formación sobre lactancia y temas relacionados con la crianza.

Marelactam (Moncada)
- Apoyo y asesoramiento en materia de salud para las mujeres embarazadas y lactantes.
- Organización de charlas en el centro de salud con pediatras y matronas.

</td></tr>
</table>

> - Realización semanal de un taller de lactancia materna.
> - Donación de juguetes, libros, ropa y utensilios de bebé de segunda mano.
> - Realización de actividades culturales como un concurso de fotografía.

En la comarca de l'Horta Nord encontramos 1 asociación (2,3%) cuyo objetivo fundamental se centra en la realización de actividades deportivas. Se trata de un grupo formado por un reducido número de mujeres que se reúnen dos veces por semana en el Polideportivo de Godella y que hacen ejercicios de mantenimiento.

> *Hace años éramos unas 40 socias que nos juntábamos para hacer gimnasia, pero han ido muriendo o yéndose a otros sitios, por lo que ahora seremos unas 8 ó 10. Podríamos ir a la gimnasia organizada por el ayuntamiento, pero preferimos quedarnos aquí, a nuestra marcha y haciendo lo que nos apetece en cada momento (participante nº 14).*

Tabla 7
Objetivos de las asociaciones deportivas

Dona sana (Godella)
- Promoción de la salud a través de la gimnasia y de ejercicios de mantenimiento.

De entre las 44 asociaciones entrevistadas, encontramos 1 (2,3%) de "ámbito vecinal", que centra sus objetivos en dinamizar su entorno local durante las fiestas que se celebran en La Pobla de Farnals en el mes de septiembre. Se trata de una asociación formada por 14 mujeres (en el pasado llegaron a ser 40), y que concentran toda su actividad en organizar cenas, fiestas y bailes.

Tabla 8
Objetivos de las asociaciones vecinales

Associació per la integración de la dona Penya què més dona (La Pobla de Farnals)
- Fomento de actividades recreativas y de ocio para las mujeres socias: comidas y cenas, fiestas y bailes, fundamentalmente durante las fiestas locales.

3

PASADO Y PRESENTE

Las 44 asociaciones entrevistadas muestran características propias y diferenciadas, como no podía ser de otra manera, pero una que las une a todas ellas es su objetivo de mejorar la vida de las mujeres. La que más años lleva trabajando en ello es Tyrius Moncada, que nació hace cincuenta años y que continúa con un número muy importante de mujeres asociadas, concretamente 550, por lo que se convierte, así, en la más numerosa y la más antigua de todas ellas. Algunas nacieron sólo cuatro años después, como Tyrius Alboraia, Rosella cultura i art, también de Alboraia, y Tyrius Godella, mientras que otras son de muy reciente creación, como es el caso de Espai d'infantesa i criança La Garrofera, del año 2022, Amamanta Alboraia, de ese mismo año, y Amamanta Meliana, que dio sus primeros pasos en el año 2023.

Concretamente, tenemos 5 asociaciones con más de cuarenta años de experiencia a sus espaldas, seguidas de

14 agrupaciones con algo de más de tres décadas de trabajo continuado, 8 con entre veinte y treinta años de trabajo asociativo, 10 con más de una década de historia y, finalmente, 7 asociaciones con una existencia de menos de diez años. Por lo tanto, podemos afirmar que esta última década es la de mayor sequía asociativa (16%), y que el periodo que comprende los años entre 1984 y 1993 fue el más fructífero, puesto que en él nacieron 14 asociaciones nuevas (31,8%), lo que confirma el auge del movimiento asociativo en esos años. Esto se debió, por una parte, al surgimiento de nuevas demandas por parte de las mujeres y, por otra, a una voluntad política para que así fuera. De hecho, fue en 1983 cuando se creó el Instituto de la Mujer[10], y sólo cino años más tarde nació en la Comunitat Valenciana el Instituto Valenciano de la Mujer[11], centro directivo que continúa teniendo hoy, entre sus objetivos, el fomento del asociacionismo de las mujeres.

Tabla 9

Dirección, año de creación y número actual de socias de las 44 asociaciones de mujeres entrevistadas de la comarca de l'Horta Nord

Dirección	Año de creación	Nº de socias
Tyrius Alboraia Av. Divino Maestro, 1.	1977	160

[10] El Instituto de la Mujer fue creado por la Ley 16/1983, de 24 de octubre. En la actualidad es un organismo autónomo adscrito al Ministerio de Igualdad.

[11] Decreto 29/1988, de 7 de marzo, del Consell de la Generalitat Valenciana, por el que se crea el Instituto Valenciano de la Mujer. Anteriormente, concretamente en el año 1982, se creó el Servicio de la Mujer, dependiente del Subsecretario de la Conselleria de Cultura, Educación y Ciencia.

Dones feministes d'Alboraia (sin sede)	2019	21
Dones actives d'Alboraia C/ Canonge Julià, 33 (Escola de perso- nes adultes).	1986	150
Rosella cultura i art (Alboraia) Passeig d'Aragó, 43.	1977	35
Amamanta Alboraia C/ Agermanats, 14 (Centro de Salud).	2022	ns/nc
Tyrius Albuixech C/ Major, 16 (Escola d'adults).	1989	100
Tyrius Alfara del Patriarca C/ de la Noria, 18.	1982	140
Amas de casa Arco Iris (Almàssera) Av. Drets Humans, s/n.	1988	148
Dones de Bonrepòs i Mirambell C/ Verge del Pilar, 28 (Centre Cívic).	1994	70
Tyrius Burjassot C/ José Carsí, 50 (Centro Cultural Tívoli).	2007	425
Associació teatral Paraules i Dones (Burjassot) Pl. actor Antonio Valero, s/n (Centre Social Ausiàs March).	2010	32
Grup de dones de Burjassot C/ Pintor Goya, 6 (Centro Social La Granja).	1996	33
Tyrius El Puig de Santa Maria C/ Lo rat penat, 19.	1988	306
Associació cultural ames de casa d'Em- perador Pl. de l'Ajuntament, 1.	2009	34
Tyrius Foios C/ Cervantes, s/n (Centre de Majors).	1996	160
Dones de Foios C/ Cervantes, s/n (Centre de Majors).	1990	310
Tyrius Godella C/ Major, 48.	1977	350
Dona Sana (Godella) C/ Ramon i Cajal, s/n (Polideportivo de Godella).	1998	10

Associació feminista de dones A cada lluna (Godella) (sin sede)	2018	28
Associació per la integración de la dona Penya què més dona (La Pobla de Farnals) (sin sede)	2007	14
Mujeres por la sororidad (La Pobla de Farnals) (sin sede)	2020	30
Dones de La Pobla de Farnals C/ San Francesc, 2 (Centre Cívic).	1990	200
Mujeres por las labores tradicionales (La Pobla de Farnals) C/ San Francesc, 2 (Centre Cívic).	2008	300
Asociación de la mujer de Massamagrell C/ Miquel Servet, 23.	1992	210
Asociación de mujeres La Magdalena (Massamagrell) Av. Rafelbunyol, s/n.	2009	380
Espai d'infantesa i criança La Garrofera (Meliana) C/ Santa Teresa, s/n.	2022	45
Amamanta Meliana C/ Eduardo Romero, 1 (Centro Salud).	2023	10
Col.lectiu de dones feministes de Moncada C/ Secretari Molins, 24.	1995	20
Tyrius Moncada C/ El negre, 27 (antiguo colegio José María Oltra).	1973	550
Marelactam (Moncada) C/ d'Alcoi, 6 (Centre Social Barri Badia).	2005	10
Tyrius Paterna C/ Mestre Canós, 19.	1987	50
Mujeres africanas de Paterna y la Comunidad Valenciana (Paterna) Edificio del metro.	2009	90
Associació feminista Adona't de La Canyada (Paterna) (sin sede)	2017	23

Mujeres de La Cañada (Paterna) C/ 30, núm 24. La Cañada (Paterna)	1996	200
Asociación cultural mujeres de Santa Rita (Paterna) C/ Músic Antoni Cabeza, 24.	1998	100
Amas de casa emprendedoras de La Coma (Paterna) C/ Borriana, 59.	2002	22
Tyrius Puçol C/ La barraca, 27.	1988	231
Col.lectiu de dones de Puçol C/ Santa Teresa, 10 (Casa de la Cultura).	2006	130
Tyrius Rafelbunyol C/ Rei en Jaume, 23.	1986	120
Tyrius Rocafort C/ Convento, 4.	1985	147
Col.lectiu feminista 19J de Rocafort C/ Ausiàs March, 47.	2017	64
Col.lectiu de dones (Tavernes Blanques) Av. Ausiàs March, 29.	1988	59
Tyrius Vinalesa C/ La fábrica, 1.	1987	180
Associació cultural de dones de Vinalesa C/ La fábrica, 1.	1990	85
		Total: 5782

Una de las preguntas que se realizó a las asociaciones fue si en los últimos cinco años había aumentado, disminuido, o si se había mantenido igual el número de sus socias. La pandemia de la Covid-19, como bien es sabido, afectó a muchos ámbitos de la vida, y uno de ellos es el que tuvo que ver con el asociacionismo, puesto que fue en los grupos amplios de personas donde se produjeron mayores contagios y, como consecuencia, mayor número de fallecimientos. Sin embargo, y aunque todas ellas recuerdan lo duro que fueron los años 2020 y 2021, achacan la disminución en el número de asociadas a otros factores que tienen que ver con una vida "diferente" en las generaciones más jóvenes, las cuales, según señalan de manera unánime, tienen otros gustos, otras preferencias y distintas inquietudes.

> *Nuestra situación es muy buena y cada vez somos más. Hemos notado que, tras la pandemia, la gente quiere salir, relacionarse, viajar, pasarlo bien…. (participante nº 43).*

> *Auguramos lo de todos los años, es decir, que nos vamos manteniendo, pero la verdad es que estamos desanimadas porque haces las cosas con ganas, pero luego la gente no viene y te da mucha rabia (participante nº 66).*

> *Somos 33 socias, pero éramos muchísimas más en el pasado. Para todo hay que tener muchas ganas y mucha ilusión, pero se nos han perdido las ganas y nos han venido muchos años (participante nº 61).*

> *Ahora somos 59 mujeres, pero llegamos a ser casi 400. Esto fue hace tiempo. El número ha ido disminuyendo, pero desde antes de la pandemia. Creemos que se debe a que el ayuntamiento ofrece muchas actividades para las mujeres que antes ofrecíamos nosotras (participante nº 34).*

Aunque el ambiente general es de cierto pesimismo, puesto que las asociaciones más veteranas han visto disminuir su número de socias en las últimas décadas, si nos ceñimos a estos últimos cinco años, la situación, en líneas generales, se mantiene más o menos igual. Concretamente 21 asociaciones (47,7%) afirman que no han experimentado ningún cambio en este último lustro, otras 11 asociaciones (25%) sostienen que el número de sus socias ha aumentado, y 12 asociaciones (27,3%) dicen que ha disminuido.

Figura 1
Situación de las asociaciones en el último lustro

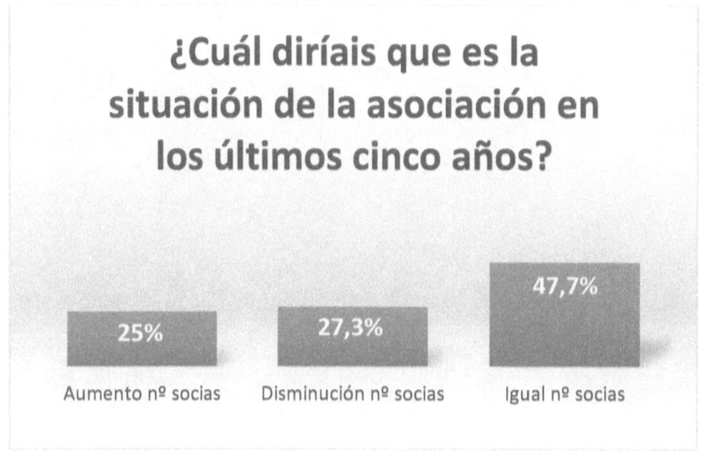

4

PERFIL DE LAS SOCIAS

Las 44 entidades que han participado en este estudio fueron preguntadas por el perfil de sus socias en relación a tres aspectos: edad, formación académica y profesión. Respecto a la primera cuestión, 23 asociaciones, es decir, el 52,3%, afirman que la mayor parte de sus asociadas se encuentran en una franja de edad superior a los 65 años. Otras 15 asociaciones, lo que representa un 34% del total, dicen que la edad de sus socias está, mayoritariamente, en la franja comprendida entre los 45 y los 65 años. Tan sólo un 13,4% de las agrupaciones, es decir, 5, sitúan a sus socias en una edad entre los 30 y los 45 años, y sólo 1 asociación sostiene que la edad media de sus asociadas está por debajo de los 30 años.

Por lo tanto, podemos afirmar que en la comarca de l'Horta Nord la presencia de mujeres jóvenes militando en asociaciones de mujeres o asociaciones feministas es prácticamente inexistente y que, por el contrario, es la gente más mayor, a partir de la edad de jubilación, la que copa más de la mitad de las organizaciones.

Figura 2
Perfil de las socias por edad

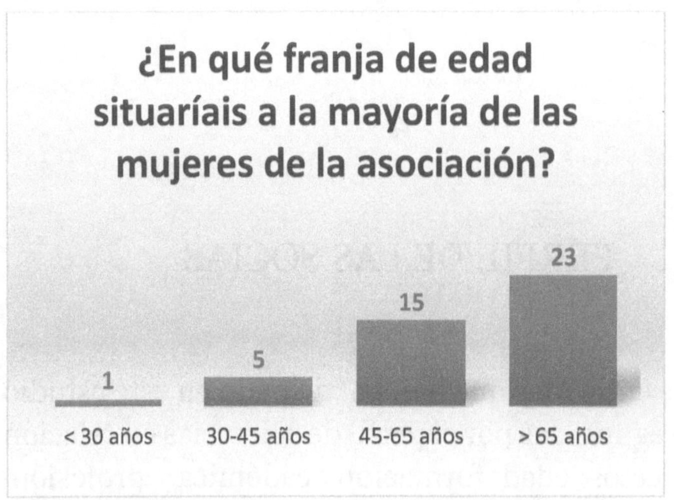

Las personas entrevistadas manifiestan una gran preocupación por el envejecimiento progresivo de sus asociaciones, afirmando que la gente joven tiene otras prioridades y gustos alejados del tipo de objetivos y actividades que ellas desarrollan. En concreto, 28 agrupaciones consideran que ésta es una carencia importante que tiene su asociación, y otras 20 señalan como problema la falta de captación de nuevas socias (independientemente de la edad que tengan).

Las mujeres de 50 años para abajo han nacido en un mundo distinto, con otros gustos, y hacen otro

tipo de actividades, así que es normal que el per-
fil de nuestras socias sea el de una mujer mayor
(participante nº 25).

Pero no sólo se da este problema, sino que dentro de las propias asociaciones el relevo no está garantizado a corto plazo, puesto que no hay socias dispuestas a asumir ninguna responsabilidad o cargo dentro de la Junta Directiva. Por eso, nos encontramos con asociaciones en las que la presidenta ocupa este puesto desde hace una, dos y hasta tres décadas, afirmando que si ella se retirase - deseo que se da en muchas de ellas - la asociación acabaría cerrando.

Nosotras estamos muy cansadas de estar en la Directiva durante tantos años. Lo hemos dicho muchísimas veces, pero nadie quiere dar el paso adelante para sustituirnos. Aguantamos porque nos sabe mal que esto desaparezca, pero es la única razón. Lo que pasa es que la gente mayor no quiere comprometerse y la gente más joven tiene ya muchas tareas con el trabajo y la familia (participante nº 53).

No queremos que esto desaparezca porque es muy satisfactorio cuando ves que puedes ayudar y apoyar a muchas madres lactantes. Hay situaciones muy difíciles y hablando con ellas y asesorándolas se mejora mucho. Sales contenta, pero sobrevivimos porque nos implicamos 4 ó 5 personas, pero ya no podemos hacer más de lo que hacemos (participante nº 81).

Respecto al perfil de las socias por nivel de estudios, el 72,7% de las asociaciones, es decir, 32 de las 44 entrevistadas, afirman que la mayoría de sus socias sólo cuentan con los estudios básicos, es decir, los obligatorios de acuerdo con la ley de educación vigente en cada momento. Le siguen, con un 13,6%, las entidades que sostienen tener entre sus asociadas una mayoría de universitarias, es decir, mujeres con formación superior. Tan sólo 4 colectivos (9,1%) indican que los estudios de la gran mayoría de sus socias son medios, entendiendo por ello el Bachillerato o la Formación Profesional, y finalmente 2 asociaciones (4,5%) dicen que no saben responder a esta pregunta.

Figura 3
Perfil de las socias por nivel de estudios

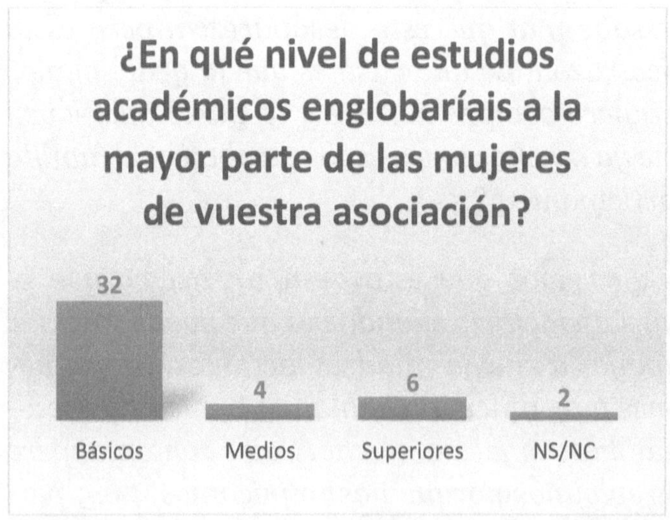

Hay que tener en cuenta que las oportunidades para

acceder a la educación superior se han dado en épocas recientes, sobre todo para las mujeres, motivo que explicaría que las socias de más edad sean las que cuentan con un nivel de estudios más bajo. Por el contrario, las socias más jóvenes han tenido más fácil acceder a una educación universitaria.

Sobre el trabajo que desarrollan o han desarrollado las socias, más de la mitad de las asociaciones, concretamente 23 (52,3%), sostienen que la gran mayoría de las mujeres que forman parte de sus agrupaciones son amas de casa. Le siguen, con un 43,2%, las asociaciones que afirman que entre sus socias se da, en mayor porcentaje, las que han sido o son asalariadas/autónomas, quedándose con un 4,5%, es decir, 2 asociaciones, las que sostienen que no pueden responder, por desconocerlo, a esta pregunta.

Por lo tanto, podemos afirmar que casi se da un empate entre las asociaciones en cuyas filas militan mujeres amas de casa y las agrupaciones donde, entre sus socias, se da un mayor tanto por ciento de mujeres asalariadas o autónomas. Respecto al primer grupo, su porcentaje puede deberse a que el perfil de las socias por edad, como hemos visto anteriormente, es en su mayoría el de mujeres de mediana o avanzada edad, posiblemente casadas y con hijas e hijos a su cargo, y con una formación académica escasa. Esto las llevó a convertirse en la componente del hogar que se dedicaba en exclusiva a las tareas domésticas, por lo que se puede deducir que dependen económicamente de sus cónyuges.

Figura 4
Perfil de las socias por trabajo

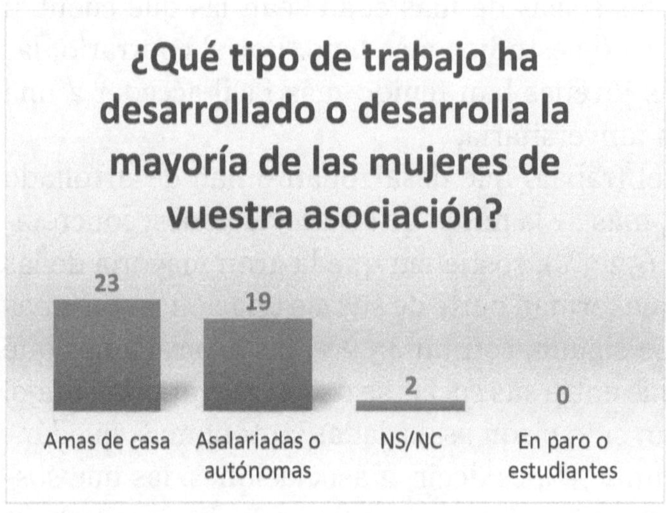

5

RECURSOS MATERIALES Y ECONÓMICOS. RELACIONES CON LA ADMINISTRACIÓN LOCAL

Uno de los objetivos de este trabajo consiste en intentar responder a la pregunta de cuál es la relación que existe entre las asociaciones y las Administraciones públicas a través de las políticas de subvenciones, elemento que no niega a las mujeres su estatuto de agentes sociales y su capacidad para desafiar el orden social vigente. La variedad de estrategias de los colectivos de mujeres en relación a los poderes institucionales puede ir desde la colaboración, pasando por la independencia, hasta llegar al enfrentamiento directo. Sea cual sea la que empleen, lo que resulta evidente es que todas ellas necesitan un espacio en el que hacer efectivo su deseo de comunicarse, organizarse, y también de cubrir sus necesidades afectivas. Para todo ello se necesita una mínima infraestructura y soporte económico que lo haga posible.

En la Figura 5 observamos que, respecto a la sede social, 31 asociaciones (70,5%) disponen de un local cedido por el ayuntamiento de su municipio. Las hay más o menos satisfechas con el tamaño e infraestructuras que presentan, pero todas valoran como "importantísimo y necesario" el disponer de ese lugar y evitar, de otro modo, tener que pagar por un alquiler.

Figura 5
Recursos materiales: sede social

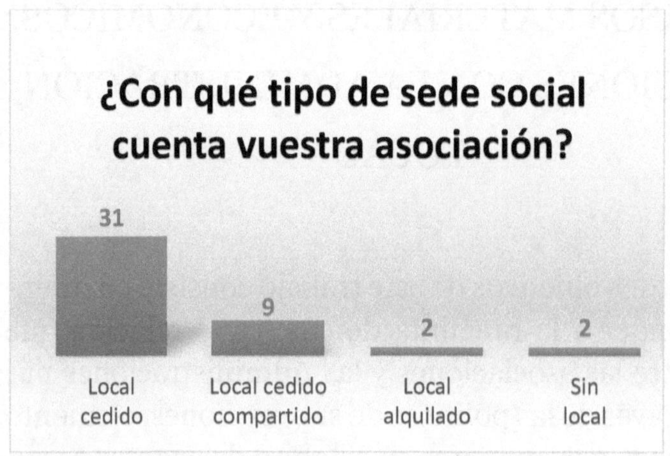

2 organizaciones (4,5%), sin embargo, tienen que recurrir al pago de un local para poder reunirse y llevar a cabo sus actividades grupales, como es el caso de la Associació per la integració de la dona Penya què més dona, de La Pobla de Farnals, y del Col.lectiu de dones de Tavernes Blanques, si bien sus realidades son muy diferentes. En el primer caso hablamos de una asociación cuya actividad de reduce, prácticamente, al tiempo que

duran las fiestas patronales de La Pobla de Farnals. Su Junta Directiva es consciente de que su vertiente exclusivamente lúdica les impide acceder a subvenciones o a espacios municipales, por lo que nunca los han solicitado. Otro caso muy distinto es el de la asociación de Tavernes Blanques, ya que el alquiler del local que ocupan asciende a 330 euros al mes, además del pago de los suministros de agua y luz, por lo que, según ellas mismas explican, tienen los días contados. Han solicitado a su ayuntamiento, reiteradamente, que les ceda un local, al igual que se hace con otras agrupaciones, pero desconocen por qué a ellas se les niega cualquier tipo de ayuda.

> *Esta asociación va a desaparecer porque tenemos muy pocos ahorros y vamos a poder afrontar el alquiler de muy pocos meses más. ¡Hasta las fotocopias las tenemos que hacer en el trabajo porque en el ayuntamiento nos las cobrarían! (participante nº 35).*

Hay otras 9 asociaciones, que representan un 20,4% del total, que gozan de un espacio cedido por la Administración local, con la diferencia, respecto al primer grupo mencionado, de que no poseen en exclusiva ese espacio, es decir, que deben compartirlo con alguna otra asociación. En la mayoría de los casos ven este hecho como un inconveniente, pero de nuevo consideran que es una opción mejor que la de tener que alquilar ellas un local. Las situaciones más desfavorables son las que viven la asociación Espai d'infantesa i criança La Garrofera, de Meliana, ya que sólo dispone de un espacio municipal durante los fines de semana, y la Associació feminista de dones A cada lluna, de Godella, que sólo puede ocupar el local una vez al mes.

Finalmente, tenemos un grupo de 2 asociaciones (4,5%) que ni tienen un local cedido por su ayuntamiento ni alquilan por su cuenta un espacio, lo que se traduce en que estas dos entidades efectúan sus reuniones en bares, parques o casas particulares. El colectivo Dones feministes d'Alboraia considera que detrás de este hecho hay una falta de voluntad política debido a su perfil feminista. Aseguran que llevan varios años solicitando un espacio, pero que la respuesta es siempre negativa, por lo que se sienten discriminadas respecto a otras asociaciones que sí que cuentan con una sede social.

> *Nos preguntamos que cómo es posible que con todo lo que proponemos al ayuntamiento y hacemos a lo largo del año, luego no sean capaces ni de encontrarnos un sitio de reunión. Yo creo que se debe a que somos feministas (participante nº 23).*

El otro colectivo, también feminista, que no cuenta con un espacio es Adona't de La Canyada, pero en este caso su Junta Directiva sostiene que ni siquiera se han molestado en solicitarlo, puesto que saben que el Ayuntamiento de Paterna no tiene locales propios en el barrio de La Canyada, que es donde se ubica esta entidad.

Pese a que 40 de las 44 asociaciones entrevistadas cuentan con un local (en exclusiva o compartido), son muchas las que al ser preguntadas por aspectos que deberían mejorar en su relación con la Administración local señalan las sedes sociales. En concreto, 16 agrupaciones afirman que el aporte que hace el ayuntamiento en locales municipales es insuficiente, y otras 16 consideran que las infraestructuras (tamaño de la sala, equipamiento, materiales…) de los espacios que ocupan son deficientes.

> *Somos 310 socias y nuestra sede tiene 30 m2. Llevamos años solicitando un espacio más grande, pero no nos lo conceden (participante nº 8).*

> *Queremos regresar a la sede que teníamos antes, pero ya llevamos años de manera provisional aquí y parece que las cosas van para largo. No hay manera de que arreglen aquel edificio, donde podíamos hacer todas las actividades, y no como ahora que cada cosa la tenemos que hacer en un sitio distinto (participante nº 54).*

> *En Burjassot sólo hay un teatro y un salón de actos, y somos muchas asociaciones pidiendo esos espacios. Faltan espacios porque el municipio es muy grande (participante nº 50).*

> *Nos reunimos en bares y en casas porque el ayuntamiento nos ha cedido un local, pero en la playa, y la verdad es que no queremos tener que coger los coches para reunirnos. Otras asociaciones sí que tienen local en el pueblo, pero a nosotras no nos lo han concedido (participante nº 18).*

Una asociación, además de un local, necesita financiación, es decir, unos recursos económicos mínimos para poder, por ejemplo, traer a una especialista para dar una charla, contratar a alguna profesora o profesor para los talleres, comprar materiales, pagar los gastos del teléfono, hacer cartelería, etc. Pues bien, la financiación de la mayor parte de las 44 asociaciones de la comarca que analizamos se basa en los ingresos que obtienen por tres vías distintas, siendo las dos primeras las más importantes: subvención municipal, cuotas de las socias y venta de lotería.

Las asociaciones consideran, de manera mayoritaria, que las subvenciones públicas constituyen una fórmula necesaria de promoción y desarrollo del asociacionismo, y en pocos casos (15,9%) las agrupaciones manifiestan que su dependencia económica respecto a esta política de subvenciones sea un aspecto negativo. En lo que sí que coinciden en un porcentaje elevado (47,7%) es en afirmar que las partidas destinadas a subvenciones son insuficientes.

> *Antes, cuando no teníamos que hacer las gestiones a través de una gestoría, nos quedaban los 600 euros de la subvención, pero ahora la gestoría nos cuesta 211 euros al año. También tenemos gastos de mantenimiento en el banco y gastos de teléfono (participante nº 9).*

> *¡Pues claro que hay una falta de medios económicos! Lo que pasa es que nos ajustamos al dinero que nos dan, no nos queda otra (participante nº 52).*

> *La dependencia económica con la política de subvenciones es tan clara que ahora se ha producido un cambio de gobierno y no sabemos lo que pasará con nuestra subvención (participante nº 1).*

La cena de Navidad la hacemos conjuntamente con la asociación de Bonrepòs i Mirambell y la de Massamagrell. Compartimos los gastos del autobús y de la música porque es la única manera de poder organizar algo (participante nº 38).

Nuestra subvención es de sólo 700 euros al año y nosotras tenemos que pagar el alquiler del local, así que imagínate lo ahogadas que estamos (participante nº 36).

El resto de las agrupaciones (52,3%) están conformes con el dinero que reciben, y consideran que sus mayores dificultades radican en otros aspectos.

El ayuntamiento se porta muy bien, y no hacemos más cosas por falta de tiempo, no de dinero. De hecho, aunque nuestra subvención es de 4.500 euros al año, normalmente presentamos facturas por unos 3.000 euros (participante nº 57).

El dinero es importante, pero lo es más la voluntad. Desde la pandemia, en nuestro caso, han disminuido las ganas de hacer cosas, así que ahora tenemos que hacer frente a esta situación de cierta desgana (participante nº 64).

Tenemos pinturas y lienzos gratis, pero aun así no viene la gente. Tener más dinero estaría bien, pero sobre todo lo que necesitamos es que vengan más mujeres (participante nº 27).

La subvención más pequeña que reciben de los ayuntamientos las 44 asociaciones entrevistadas es de 600 euros al año, y la de mayor cantidad ronda los 4.500 euros (ver Figura 6).

2 de cada 3 asociaciones han solicitado en la última convocatoria una subvención municipal, siendo la más habitual (36,4%) la que va desde los 1.000 a los 3.000 euros al año. Le sigue la que cubre, como máximo, gastos por valor de hasta 999 euros, y finalmente sólo un 9,1% de las asociaciones perciben entre 3.000 y 6.000 euros. Llama la atención que este 9,1% equivale a 4 agrupaciones, 3 de las cuales superan las 200 socias, pero la cuarta a penas cuenta con 20 asociadas. En este sentido, hay que mencionar que las entidades, en su gran mayoría, desconocen los criterios que siguen sus ayuntamientos para el reparto de las subvenciones entre todas las asociaciones del municipio.

Algo más de una tercera parte de las asociaciones (34,15%) no ha solicitado, en el año 2022, ninguna subvención. En algunos casos se debe a que los ayuntamientos no conceden subvenciones, como es el caso de Alboraia o de Almàssera, por lo que los colectivos no se molestan en realizar los trámites, pero en otros casos se alegan, fundamentalmente, causas que tienen que ver con la burocracia.

> *No estamos dadas de alta en Hacienda ni tenemos la firma digital, así que no somos aptas para la subvención. Por lo tanto, lo único que conseguimos del ayuntamiento es que cuando organizamos alguna charla nos cedan algún espacio, pero eso es todo porque, por no tener, no tenemos ni un local donde reunirnos (participante nº 24).*

No pedimos ninguna subvención porque nos parece farragoso y porque hay que justificarlo todo. Para nosotras, el problema radica en la idea, en la estrategia y en la implicación. Una vez eso está claro, ya no es tan difícil encontrar el dinero (participante nº 73).

Figura 6
Cantidades que perciben las asociaciones en subvenciones locales

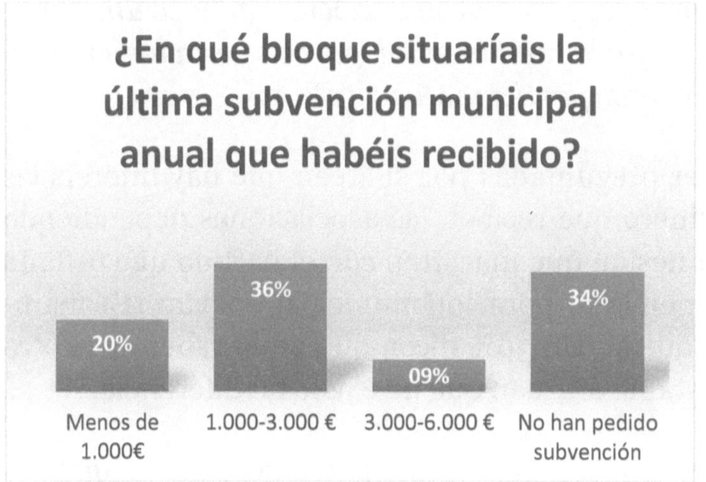

Como mencionábamos anteriormente, las asociaciones, en más de un 90% de los casos, desconocen los criterios que sigue su ayuntamiento a la hora de conceder (o no) una subvención. Cuando se les pregunta si se tiene en cuenta el número de socias, el tipo de actividades que desarrollan, el impacto que tienen sus acciones en la ciudadanía, etc., dicen que lo desconocen, pero que confían en que la Administración local sea justa, si bien es cierto que algunas manifiestan una clara desconfianza.

En todas las asociaciones hay favoritismos, aunque no quieras. Lo que pasa es que mientras a ti te dé el ayuntamiento lo que pides (como en nuestro caso el pago de 2 microbuses), pues no te preocupas de los demás. Pero favoritismo ha habido, hay y habrá (participante nº 84).

No conozco los criterios que siguen para el reparto de las subvenciones, pero seguro que son malos. Que si tienes pocas socias, que si las socias no son del municipio.... son cosas que se nos echa en cara, pero nuestra asociación hace una labor sanitaria fundamental que no se está teniendo en cuenta (participante nº 31).

Al ser preguntadas por si creen que hay diferencias en el dinero que reciben las asociaciones dependiendo de la adhesión que muestren con el partido que ostenta el poder en la corporación municipal, sólo un 11% manifiestan que sí. Un 30% dicen que no lo saben, y el otro 59% restante afirman que no existe tal diferencia.

Si tú vas a pedir algo y eres del partido que gobierna, siempre hay más posibilidades de que te lo den. Por ejemplo, yo creo que dan más dinero a las entidades de la periferia que a nosotras, que somos la única asociación de mujeres del centro, pensándose que en el centro estamos los ricos. Aun así, yo creo que poco a poco va habiendo más transparencia. Los partidos se miran entre ellos y hay un mayor control, pero en el pasado te digo yo que iba a dedo (participante nº 84).

Los criterios de reparto de subvenciones no son justos ni equitativos. Por ejemplo, hay una asociación de bonsáis con sólo dos socios y otra de tambores, también con muy pocos socios, que reciben más que nosotras, que somos 350. Creemos que hay un reparto de acuerdo con criterios políticos e ideológicos (participante nº 29).

En este pueblo la escuela de música tiene las cosas más fáciles debido a que allí hay gente de Compromís. A nosotras, por no coincidir ideológicamente todo nos cuesta mucho más, desde el local a la subvención (participante nº 26).

Figura 7
Subvención en función de la afinidad política

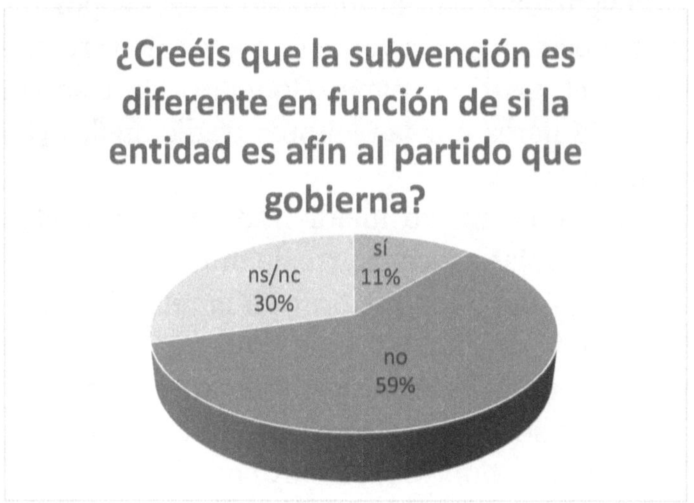

Como decíamos, existen, además de las subvenciones municipales, otras dos tipos de ingresos como son las cuotas de las socias y la venta de lotería, aunque no todas las asociaciones recurren a estas fuentes de financiación. En concreto, 37 colectivos cobran a sus asociadas una cuota anual, aunque hay que señalar que hablamos de unas cantidades realmente exiguas. En la mayoría de los casos esas cuotas abarcan entre 8 y 30 euros al año. Por encima de esa cifra sólo encontramos 3 asociaciones: Col.lectiu de dones de Tavernes Blanques (36 euros al año), Col.lectiu de dones feministes de Moncada (60 euros al año) y Associació per la integración de la dona Penya què més dona, de La Pobla de Farnals (150 euros al año). Respecto a la obtención de ingresos a partir de la venta de lotería, se trata de una vía utilizada sólo por 17 agrupaciones (38,6%).

Llama la atención conocer que existen 3 asociaciones de mujeres en la comarca de l'Horta Nord que no cuentan con ningún tipo de ingresos, es decir, que no reciben ninguna subvención local, ni tampoco ingresos por las cuotas de las socias o por la venta de lotería. Nos referimos a los colectivos Dona sana (Godella), Marelactam (Moncada) y Mujeres por las labores tradicionales (La Pobla de Farnals).

Finalmente, y de nuevo incidiendo en los aspectos que según las propias asociaciones de mujeres y asociaciones feministas deberían mejorar en la relación entre ellas y las Administraciones locales, 19 organizaciones (43,2%) consideran que el procedimiento administrativo que hay que seguir para conseguir una subvención (plazos, facturas, gestiones...) es muy complejo.

Ahora todo funciona digitalmente y esto es un problema para las mujeres de nuestra generación (participante nº 19).

Hay que presentar facturas para todo y hay muchos gastos que no los aceptan. Al final, es mucha la documentación que hay que presentar para recibir muy poco dinero (participante nº 31).

Finalmente hemos conseguido una subvención municipal, pero es porque lo hemos peleado mucho. La verdad es que el procedimiento es farragoso y complicado (participante nº 52).

Sin duda, esto podría solucionarse con una buena asistencia técnica por parte de las funcionarias y los funcionarios de los ayuntamientos, es decir, con ayuda para resolver cuestiones sobre subvenciones, convocatorias, gestión de proyectos, contabilidad o aspectos organizativos, así como con la realización de talleres o cursos destinados a formar a las asociaciones en los aspectos más burocráticos. La mayoría de las agrupaciones no se quejan del tipo de asistencia que reciben en sus ayuntamientos (aunque muchas afirman que nunca la han solicitado), y por eso sólo 8 asociaciones (18,2%) consideran que hay una clara carencia en este aspecto.

No contamos con ningún tipo de asistencia técnica, de ahí que todas las asociaciones de La Pobla de Farnals nos tengamos que gastar dinero en gestorías (en nuestro caso una tercera parte de la subvención). Si el ayuntamiento ofreciera ayuda, esto no nos pasaría (participante nº 10).

La relación con las funcionarias y funcionarios es excelente. Nos hacen los carteles, nos traen y colocan las sillas... Nos ayudan con todo lo que necesitamos (participante nº 3).

Hemos tenido que ir a una gestoría para poder así optar a la subvención local, y esto nos cuesta cada año 180 euros. Es una pena que las cosas no sean más fáciles en el ayuntamiento y que hayamos tenido que recurrir a ayuda externa, como si nos sobrara el dinero (participante nº 52).

Hay que mencionar que la lentitud en el pago de las subvenciones por parte de los ayuntamientos sólo es percibida como un aspecto a mejorar por 4 asociaciones (9,1%); el que el ingreso de las subvenciones se realice con posterioridad a la realización de las actividades (por lo que las asociaciones tiene que adelantar el dinero) es considerado un problema por 24 colectivos (54,5%); y que la cuantía de las subvenciones cambie de año en año, lo que imposibilita hacer previsiones a medio plazo, es visto como un aspecto a corregir sólo por 5 agrupaciones (11,4%).

Además, 6 asociaciones (13,6%) señalan que los ayuntamientos de sus municipios no cuentan con ellas como deberían (en la realización de jornadas, en la participación en consejos municipales, en la organización de actividades...), y otras 6 consideran que existe una disparidad entre las prioridades fijadas por la Administración local y las necesidades de los propios colectivos.

El ayuntamiento para nada cuenta con nosotras como debería. Yo creo que nos ven como abuelas y preferirían que nuestra asociación no existiera. Así de claro te lo digo (participante nº 52).

El ayuntamiento cuenta demasiado con nosotras, pero para trabajar. Ahí sí que nos buscan rápidamente (participante nº 34).

No tenemos el reconocimiento que deberíamos tener por parte del ayuntamiento. Somos las que más ayudamos y a las que peor se nos trata, pero yo no me callo y protesto. Yo lo digo todo (participante nº 28).

Hacemos una labor sanitaria importantísima, pero eso al ayuntamiento le da igual. Su prioridad es que seamos muchas socias, y no entran a valorar lo que hacemos aquí, cada semana, con los talleres de lactancia, por ejemplo (participante nº 31).

A modo de conclusión, podemos afirmar que difícilmente una asociación sobrevive si no cuenta con un espacio físico en el que reunirse las socias y con unos ingresos mínimos que les permitan desarrollar sus actividades. En este sentido, ambos aspectos, según muchas asociaciones entrevistadas, deben mejorar, al igual que los criterios de reparto de las subvenciones municipales los cuales tendrían que ser completamente transparentes para evitar, de este modo, las actuales suspicacias y agravios comparativos.

6

EL TIEMPO, UN RECURSO ESCASO PARA LAS MUJERES

Las asociaciones de mujeres representan espacios alternativos al ámbito doméstico, lo que implica que están fuera de la influencia y de las relaciones masculinas. El embrión del feminismo fueron los grupos de autoconciencia, es decir, espacios en los que las mujeres podían expresar cómo se sentían, qué anhelaban, qué les dolía y, como consecuencia, qué cambios querían introducir en sus vidas. Fue allí donde se pasó del "yo" al "nosotras", al hacerse patente que los malestares de una coincidían con los malestares de las demás. En este sentido, las asociaciones, hoy en día, continúan siendo espacios que permiten a las mujeres ser más libres, ya que escapan del control masculino y de las obligaciones domésticas, las cuales continúan recayendo mayoritariamente sobre los hombros de las mujeres.

La realidad nos dice que las asociaciones suman tiempo asociativo al tiempo doméstico, es decir, que el primero no resta tiempo al segundo o, dicho de otro modo, que las mujeres continúan cargando con la organización de la compra, de la limpieza, de la comida, de la educación y del bienestar emocional de las hijas e hijos, entre muchas otras cosas, independientemente de si acuden a talleres de pintura, yoga, o a acciones de tipo reivindicativo. La corresponsabilidad continúa siendo una aspiración, y no una realidad, y en las entrevistas realizadas se aprecian quejas, pero un muy escaso cuestionamiento sobre la división sexual del trabajo.

Por eso, una de las carencias que las asociaciones entrevistadas consideran que tienen es la falta de tiempo de sus socias. En concreto, 34 de las 44 agrupaciones (77,3%) indican que la falta de corresponsabilidad es la causa por la que muchas mujeres dejan de participar en talleres, charlas o visitas culturales. Las socias más mayores mencionan la obligación de cuidar a las nietas y nietos y, en el caso de las mujeres de mediana edad, a las hijas e hijos, además de a sus madres y padres.

> *De todas las carencias que podamos tener, la de la falta de tiempo por problemas de conciliación es, con diferencia, la más importante (participante nº 26).*

> *A veces no vienen porque tienen que recoger a su nieto del cole o no vienen al viaje porque tienen otras obligaciones. Pero en cuanto pueden, sí que hacen la escapadita. Y cuando vienen recuperan amistades que tenían hace muchos años y que luego, por el trabajo, habían dejado de tener. Aquí se reencuentran. La mujer ha tenido que desarrollar su profesión, más la profesión de casa, más la de madre, mientras que ellos se han limitado a desarrollar sólo su profesión (participante nº 25).*

Posiblemente por todo esto, muchas asociaciones perciben que otra de las carencias importantes con las que cuentan tiene que ver con la falta de compromiso de las socias para organizar y participar en las actividades. De hecho, 29 agrupaciones (65,9%) así lo afirman.

> *Nos comemos dos personas siempre todo el trabajo (participante nº 22).*

Todas las socias están en cincuenta mil cosas, así que es normal que no se impliquen demasiado (participante nº 64).

Yo no me quejo tanto de las socias como de la propia Junta Directiva, ya que no se comprometen demasiado y todo recae sobre mí, sobre la presidenta (participante nº 20).

La falta de tiempo es también el motivo que alegan muchas componentes de las Juntas Directivas para afirmar que tienen enormes dificultades para ser reemplazadas de sus cargos, puestos que hacen posible que las asociaciones funcionen, es decir, que tengan una estructura y una división de tareas que es lo que permite programar actividades, gestionar recursos económicos, atender a las nuevas socias, contactar con ponentes y profesorado, solicitar la subvención anual al ayuntamiento, organizar acciones reivindicativas, resolver conflictos, tomar decisiones, y un largo etcétera.

Como puede observarse en la Figura 8, 34 agrupaciones, lo que representa el 79% del total, afirman que esta dificultad existe, frente a un 14% que manifiestan no tener problemas para renovar la Junta Directiva de su asociación y a un 7% que sostienen que lo desconocen, ya que no está entre sus planes introducir ningún cambio, por lo que no saben si habría o no un relevo.

Cuando me llamaron para ser la presidenta, en el 2021, dije que no, pero al saber que esto estaba mal y que la asociación podía acabar desapareciendo, pues me animé. El arrancar ha sido muy difícil, pero estamos haciendo todo lo que podemos y la gente está contenta (participante nº 12).

Nosotras vamos a estar estos 4 años porque nadie ha querido coger los mandos, pero luego, si nadie se presenta, se lo diremos al ayuntamiento y daremos de baja a la asociación. Para ese entonces llevaremos ya 12 años, y estamos cansadas, además de que luego nadie valora lo que haces (participante nº 11).

Yo soy presidenta desde que nació la asociación, en 1990. El día que nos vayamos esto se va a pique porque nadie quiere entrar, así de claro te lo digo (participante nº 27).

La presidenta lleva 18 años en el cargo, pero nadie quiere sustituirla. No nos hemos cansado y no queremos irnos, pero sabemos que será difícil que alguien quiera coger las riendas porque la gente es muy cómoda y lo quiere todo hecho (participante nº 21).

Esto estuvo a punto de cerrarse porque no había motivación y había problemas entre las componentes de la Directiva. Llegaron a ser más de 200 socias y se quedaron con 50. A mí me buscaron y dije que sí porque la situación era mala y había que remangarse. Busqué a un equipo y dimos el paso, y ahora estamos creciendo y yo sé por qué: porque sólo cobramos lo que cuestan las cosas y nadie tiene privilegios (participante nº 2).

La inmensa mayoría de las asociaciones estudiadas siguen el modelo organizativo propuesto en la Ley 14/2008 de Asociaciones de la Comunitat Valenciana, lo que significa que la gestión y coordinación de la entidad recae en la Junta Directiva que, como hemos comprobado, con frecuencia se ve desbordada y estresada por la falta de colaboración de las socias. Sin embargo, aplicar modelos de liderazgo compartido, trabajar en equipo y delegar es perfectamente compatible con la estructura organizativa que se elija al crear una entidad (Asociación de Mujeres Páginas Violeta, 2023).

Figura 8
Renovación de la Junta Directiva de las asociaciones

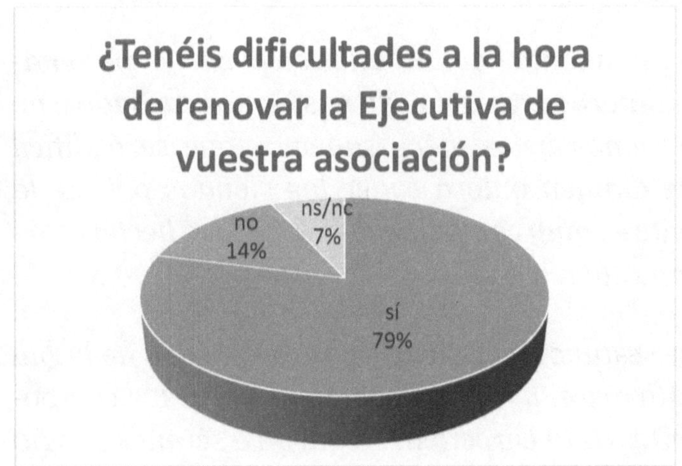

$$7$$

RELACIONES CON OTRAS ASOCIACIONES/ COORDINADORAS/ PLATAFORMAS

La participación en una asociación y la gestión de ésta implican emplear tiempo (un bien de lujo para las mujeres, como acabamos de ver), y si se trata de crear redes, es decir, de trabajar conjuntamente con otras asociaciones, ese tiempo tiene necesariamente que aumentar. El estrés, ante la escasez de ese tiempo, es patente cuando hablamos con las mujeres que están al frente de las agrupaciones, y por eso afirman que se relacionan con otras asociaciones de sus municipios o de municipios próximos de manera puntual. En concreto, así lo dicen el 63,7%, porcentaje al que hay que sumar un 22,7% de colectivos que afirman que no mantienen ningún tipo de relación con otras entidades (ver Figura 9). Sólo 6 asociaciones (13,6%) mantienen relaciones frecuentes con las asociaciones de su localidad, aunque suelen girar en torno a eventos que organizan los ayuntamientos, como las concentraciones mensuales ante los asesinatos machistas, las actividades que se organizan en fechas clave como el 8M o el 25N, o las reuniones del Consell de la dona. Fuera de estos actos se dan algunas otras conexiones, siendo las más habituales las que consisten en que las asociaciones se inviten, mutuamente, cuando organizan algún tipo de evento.

> *Las presidentas de las distintas asociaciones de Burjassot estamos en contacto a través de un grupo de WhatsApp para informarnos de las cosas que hacemos, pero la verdad es que no solemos ir a lo que hacen otras organizaciones (participante nº 51).*

> *Tenemos bastante contacto con los colectivos feministas de Godella y de Moncada. Por ejemplo, había una moción en el Ayuntamiento de Moncada para la ordenanza de abolición de la prostitución y nos pidieron que fuéramos al pleno, y así lo hicimos. Y ellas también están viniendo a nuestras concentraciones contra los asesinatos machistas (participante nº 72).*

> *De momento hemos hecho un videoclip con las Mujeres del teatro de la Pobla de Farnals para concienciar sobre la violencia de género, y también queremos acercarnos a las clavariesas porque han mostrado interés por este tema (participante nº 18).*

> *Coincidimos con otras asociaciones del pueblo en la Feria de la Salud, en el 8M, en el Punto Violeta*

Figura 9
Relaciones con otras asociaciones

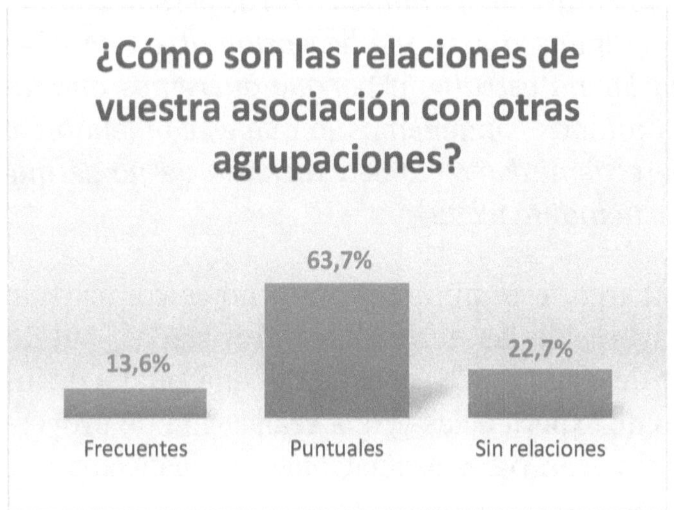

Hay una asociación que destaca por encima de todas las demás en su idea de que es necesario colaborar, dialogar y trabajar conjuntamente con otras agrupaciones del municipio. Se trata del Col.lectiu feminista 19J de Rocafort, el cual defiende la necesidad de crear redes, y por eso sus socias afirman que cada vez que piensan en una acción, inmediatamente después se plantean la manera de implicar al mayor número de personas y conseguir, de este modo, que su reivindicación llegue a más sitios y a más gente.

En nuestro municipio tenemos contacto con todas las asociaciones. Las convocamos cuando tenemos una acción y lo que intentamos es implicarlas. Por ejemplo, les decimos que vamos a grabar un vídeo y que ellas tienen que leer un párrafo. Así lo hicimos con el vídeo "El papel de la dona de Rocafort", y así dimos voz a una representante de las amas de casa, a otra de la agrupación musical, y también a otras personas como la del quiosco, una médica psiquiatra, etc. Y es una buena estrategia porque queremos que todas y todos condenemos lo que es condenable y que el feminismo no sea tachado de no sé qué (participante nº 72).

Sin embargo, este punto de vista no es compartido por la mayoría de las entidades entrevistadas, puesto que sólo 7 de ellas (15,9%) consideran que la falta de intercambio de experiencias y/o la realización de proyectos conjuntos con otras asociaciones son aspectos que deberían mejorar en su organización.

Cada asociación se apaña como puede, y ya hacemos bastante con mantenernos cada una (participante nº 4)

A mí me interesaría ver cómo funcionan otras asociaciones porque siempre puedes coger ideas, pero estamos en lo de siempre, es decir, en la falta de tiempo (participante nº 19).

Para eso se creó la Federació de dones i col.lectius per la igualtat de l'Horta Nord, para hacer

Efectivamente, en la comarca de l'Horta Nord existe una federación, es decir, una agrupación de asociaciones, cuyo nacimiento se remonta al año 2013 y que tiene como objetivo, según podemos leer en su página web (https://doneshortanord.wordpress.com/) "consolidar una red de asociaciones de mujeres que trabajan por la igualdad entre mujeres y hombres, propiciando el intercambio de buenas prácticas, el aprendizaje mutuo y el desarrollo de proyectos compartidos". Está integrada por 12 colectivos, 11 de los cuales forman parte de la presente investigación. El que resta es una asociación de vecinas y vecinos de Almàssera, pero su carácter mixto hizo que lo descartáramos del estudio.

Pues bien, esas 11 agrupaciones que forman parte de la Federació de dones i col.lectius per la igualtat de l'Horta Nord representan un 25% del total de las asociaciones entrevistadas. Al ser preguntado el otro 75% por los motivos por los que no han intentado integrarse en esta Federación, las respuestas han sido las siguientes: 1 asociación afirma que formaron parte de ella en el pasado, pero que la abandonaron porque no cubrió sus expectativas; 9 aseveran que el motivo radica en que pertenecer a la Federación supone más trabajo; 4 agrupaciones identifican a ésta con la política, y no quieren estar en contacto con ella; 3 asociaciones sostienen que ser de la Federación supone tomar decisiones con otras asociaciones que no forman parte de la esfera próxima de su actividad; 6 afirman que no conocían la existencia de la Federación; y otras 7 aseguran que no conocían de su existencia, pero que tampoco ahora, que saben de su labor, están interesadas en formar parte de ella.

Por lo tanto, podemos concluir que trascender la propia asociación para integrarse en una red de agrupaciones cuyo elemento común sea trabajar por la igualdad no parece ser un elemento demasiado atractivo para la mayoría de las agrupaciones de mujeres de l'Horta Nord. Tampoco, por lo tanto, el adquirir fuerza y visibilidad política, elementos que se consiguen fundamentalmente cuando se supera el aislamiento y se trabaja en red (Maquieira, 1995). Por otra parte, es interesante buscar fórmulas para compartir materiales y recursos, para realizar compras colectivas, para contratar los servicios de una gestoría y reducir gastos, etc., y todo esto se puede resolver de manera más sencilla si las asociaciones se federan, además de que puede ser altamente enriquecedor realizar proyectos de manera conjunta. "Es tiempo de unir esfuerzos para multiplicar resultados, es tiempo de pensar en la unión o fusión de las asociaciones y, tal vez, no tanto de fundar nuevas" (Ajuntament de València, 2020, p. 13).

Además de la Federació de dones i col.lectius per la igualtat de l'Horta Nord, existen otras plataformas a las cuales están adheridas algunas de las organizaciones de mujeres de la comarca, aunque hay que mencionar que son la minoría. Destacan el Col.lectiu de dones feministes de Moncada, el cual forma parte de CEDAW Ombra, Alerta Feminista 19J, Front Abolicionista del País Valencià, Coordinadora Feminista de València y Confluencia Feminista; la asociación Amamanta, que forma parte de Iniciativa para la Humanización de la Asistencia al Nacimiento y la Lactancia; y la asociación Mujeres africanas de Paterna y la Comunidad Valenciana, que forma parte de la Federación Unión Africana, Plataforma Intercultural y Movimiento Fuerza Migrante. El resto de las entidades, es decir, 41, afirman no estar adheridas a ninguna plataforma, coordinadora o asamblea, si bien es cierto que, como ya hemos mencionado, las asociaciones Tyrius forman parte, obligatoriamente, de Tyrius Comunidad Valenciana, de modo que podemos entender esta vinculación como otra manera de crear redes, de estar en contacto con otras asociaciones con las que poder intercambiar experiencias y puntos de vista.

En conclusión, podemos observar cierta atomización en el movimiento asociativo de mujeres de l'Horta Nord, característica que puede restar eficacia a la consecución de objetivos de cambio más amplios y globales. Esta dispersión es considerada por algunas autoras y autores como un fenómeno vinculado al asociacionismo que se califica de minifundio asociativo promovido por la política de subvenciones (Alberich, 1993).

Un lugar en el que las asociaciones de mujeres y asociaciones feministas de cada uno de los municipios tienen la oportunidad de coincidir y trabajar conjuntamente es el Consell de la igualtat/ Consell de la dona/ Consell de participació ciutadana/ Consell veïnal creado por los ayuntamientos, aunque su nacimiento pueda partir de la voluntad de las asociaciones inscritas en el registro municipal. Hablamos, por lo tanto, de redes institucionales, pero que sirven para tener un espacio en el que se puedan establecer mínimos acuerdos.

La creación de estos Consejos/Consells se inspira en el artículo 78 de la Ley Orgánica para la igualdad efectiva de mujeres y hombres 3/2007, de 22 de marzo, que define el Consejo de Participación de la Mujer como un órgano colegiado de consulta y asesoramiento "con un fin esencial de servir de cauce a la participación de las mujeres en la consecución efectiva del principio de igualdad de trato y de oportunidades entre mujeres y hombres, y la lucha contra la discriminación por razón de sexo".

21 asociaciones (47,8%) afirman formar parte de un Consejo/Consell de este tipo, aunque muy pocas saben la periodicidad de las reuniones y se limitan a acudir cuando son convocadas a las mismas. La mayoría reconocen que lo que se trata allí se limita, muchas veces, a la organización de actos en torno a fechas clave como el 8M o el 25N, pero otras, como el Col.letiu de dones feministes de Moncada, observan estos espacios como instrumentos de presión, como catalizadores del cambio y del avance feminista, y ponen en valor el que hayan podido llevar allí propuestas como feminizar el nombre de las calles o de los edificios públicos del municipio.

Las otras 23 asociaciones (52,2%) afirman no formar parte de un Consell de la igualtat/ Consell de la dona/ Consell de participació ciutadana/ Consell veïnal, si bien es cierto que 12 de estas 23 agrupaciones no podrían pertenecer, aunque quisiesen, ya que sus ayuntamientos (Almàssera, Emperador, Meliana, La Pobla de Farnals, Albuixech y Godella) no cuentan con estos órganos de consulta y asesoramiento. Las otras 11 asociaciones, sin embargo, no forman parte del Consell de su municipio por voluntad propia.

8

EL FEMINISMO EN EL ASOCIACIONISMO DE MUJERES

Ante la pregunta de si los estatutos de la asociación recogen, entre sus objetivos, la finalidad de promover la igualdad de oportunidades entre hombres y mujeres, tan sólo 11 asociaciones, lo que representa un 25% del total, afirman que sí. Un 6,8% sostienen que desconocen este dato, mientras que el resto, es decir, un 68,2% (30 organizaciones) aseveran que sus estatutos no recogen la finalidad de promover la igualdad. Sólo 1 de entre estas 30 asociaciones quiso realizar una puntualización ante esta dolorosa realidad:

> *No lo tenemos recogido, pero para mí esto es muy importante y cuando rehagamos los estatutos seguro que lo incluiremos (participante nº 2).*

Figura 10
Finalidad de promover la igualdad en los estatutos de las asociaciones

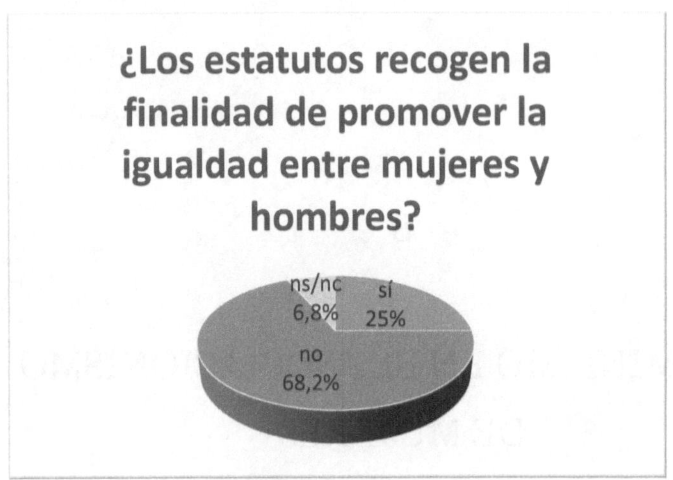

Respecto a la pregunta de si la asociación se percibe a sí misma como feminista, independientemente de si sus actividades giran o no en torno a la reivindicación por la igualdad entre los sexos (es decir, al margen de si formar parte del grupo que hemos denominado "con conciencia feminista"), 12 asociaciones (27,2%) dijeron que sí, 1 (2,3%) afirmó no saberlo, y el resto, es decir, 31 asociaciones (70,5%), sostuvieron no serlo (ver Figura 11). En muchas ocasiones, esta pregunta ayudó a abrir un debate entre las mujeres presentes en las entrevistas, afirmándose cosas como éstas:

> *Yo es que he visto también a mujeres que han hecho añicos a hombres simple y llanamente porque la sociedad las respalda, y eso hay que revisarlo (participante nº 83).*

Yo tengo dos hijos y tú tendrás padre y tal vez algún hermano. ¿Y tú crees entonces que todos son unos maltratadores? Aquí nos están mentalizando de que todos lo son. Ahora un matrimonio se separa y todos los derechos los tiene ella y él no tiene ninguno (participante nº 58).

Yo entiendo que se activen protocolos cuando hay un posible caso de violencia de género, pero también creo que hay mujeres que se aprovechan de eso. Entonces, si una mujer dice que está siendo maltratada y luego es mentira, la ley también tendría que actuar. Es decir, ellas tiran los dados y si les sale bien, estupendo, y si no, pues no pasa nada (participante nº 59).

Pero en las entrevistas también se afirmaron, afortunadamente, otras cosas:

Creo que ahora toca cuidarnos mucho las feministas porque estamos sumergidas en un momento de indignación continua por lo que nos están haciendo, y eso nos pasa factura. Hacemos mucha falta y necesitamos fuerza (participante nº 70).

En el Ayuntamiento de Alboraia gobierna el PSOE, pero se asustan con nuestras propuestas, con lo que queremos, con lo que decimos. Siempre dicen: "ah, no, eso así no" o "¿cómo se os ocurre dejar fuera a los hombres?" (participante nº 23).

Figura 11

Asociaciones feministas o que se autoperciben feministas.

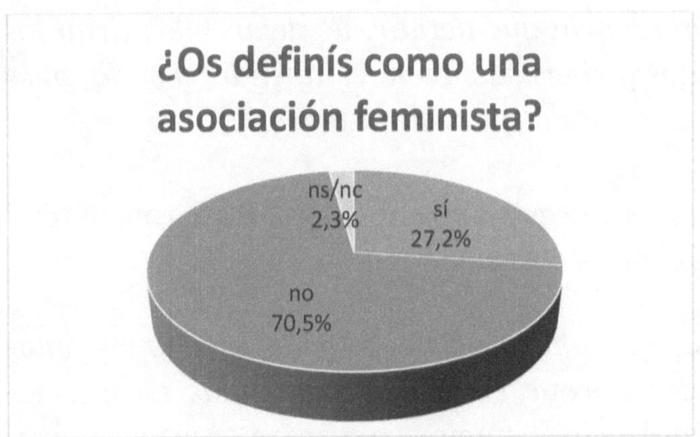

Nos planteamos qué respuesta hubiésemos obtenido si en lugar de preguntar si se definen como una asociación feminista hubiésemos preguntado si entre sus objetivos están la promoción de las mujeres y la reivindicación de sus derechos. ¿La Figura 11 mostraría los mismos porcentajes? ¿Continúa siendo la palabra feminismo un tabú? Lo que está claro es que, en una sociedad que aún está lejos de conseguir la igualdad entre mujeres y hombres, sería deseable que todas las asociaciones de mujeres tuviesen entre sus objetivos, sin excepción, los relacionados con la igualdad.

Por otra parte, si cruzamos estos datos, es decir, los relativos a la autopercepción de las 44 asociaciones participantes en torno a si son o no feministas, y los que se desprenden de las preguntas relativas al perfil de las socias, o sea, los concernientes a la edad, los estudios y la profesión de las asociadas, se obtienen las siguientes conclusiones:

- Las asociaciones con un perfil feminista son, a su vez, las que tienen, entre sus filas, a socias con un mayor nivel de estudios.
- La asociaciones con un perfil feminista son, a su vez, las que cuentan con mujeres más jóvenes.
- La asociaciones con un perfil feminista son, a su vez, las que tienen, entre sus asociadas, a un mayor número de mujeres con trabajos fuera del hogar, es decir, trabajo remunerado.

Por lo tanto, podemos afirmar que en el asociacionismo de mujeres de la comarca de l'Horta Nord a mayor nivel de estudios y menor edad, mayor compromiso con el feminismo. A esta conclusión se puede añadir otra a partir de cruzar la autopercepción sobre si son o no feministas con el número de socias que integran la asociación. Sería la siguiente:

- Las agrupaciones con un perfil feminista son, a su vez, las que tienen menor número de socias, es decir, las que atraen a un menor número de personas. Así, las 12 asociaciones con un perfil feminista de la comarca de l'Horta Nord tienen, en su gran mayoría, una media entre las 20 y las 30 socias, a excepción de Tyrius Foios y Dones de Foios que cuentan con 160 y 310 socias, respectivamente.

Otra apreciación que merece una reflexión tiene que ver con quiénes son las personas beneficiarias de los talleres o acciones que llevan a cabo las asociaciones. Así, pasamos de entidades en las que el 100% de sus actividades están encaminadas única y exclusivamente a sus socias, a otras donde ese 100% repercute sobre toda la sociedad. Por lo tanto, podemos afirmar que hay dos manera distintas de enfocar sus objetivos, en el sentido de que para unas agrupaciones la manera de trabajar es interna, a diferencia de otras que lo que pretenden es despertar conciencias, ayudar a pensar de manera colectiva, reflexionar de manera grupal, etc., por lo que se mueven más de puertas hacia afuera. En este segundo caso, se observa una decidida pretensión de superar los intereses particulares de sus socias e identificar sus propios objetivos con la mejora de la sociedad en su conjunto.

De este modo, una nueva conclusión consistiría en afirmar que los 6 colectivos que forman parte del grupo de asociaciones "con conciencia feminista" trabajan en actividades dirigidas a toda la sociedad e incluso con participación directa de ella. Todas ellas han manifestado que, como mínimo, un 70% de sus actividades tienen como personas beneficiarias a la sociedad en su conjunto. Pero no sólo estas 6 asociaciones trabajan poniendo el foco en el exterior, sino que, en total, son 17 las que afirman hacerlo, es decir, un 38,6% de las agrupaciones. Otras 24 asociaciones (54,5%) realizan, por el contrario, talleres, conferencias, excursiones y otro tipo de actividades dirigidas en más de un 70% de los casos a las socias. Las 3 asociaciones restantes (6,8%) dicen repartir, entre un 50% y un 50%, las personas beneficiarias de sus acciones, es decir, que se mueven a partes iguales entre la sociedad y las propias asociadas.

9

LA MOTIVACIÓN EN LA PARTICIPACIÓN

Uno de los aspectos más gratificantes de esta investigación surge al comprobar cuán beneficioso es para muchas personas formar parte de un colectivo de mujeres. Las palabras que más se repiten cuando las socias son preguntadas por sus motivaciones a la hora pertenecer a su asociación son amistad, compañía, comprensión y apoyo, y en todas ellas hay mucho agradecimiento. Lo que parece evidente es que para dar el paso de pertenecer a un grupo, un buen punto de partida es estar a gusto, sentirse bien en él, y a la vista de las respuestas este primer objetivo está más que logrado.

> *No vengo aquí porque no tenga nada que hacer, sino que vengo porque me gustan las propuestas. También estoy en Cáritas y en Manos Unidas, pero vengo también aquí porque el ambiente es muy bueno, con gente muy agradable que me aporta felicidad (participante nº 59).*

En las asociaciones que hemos denominado de "promoción sociocultural", que responden a un perfil de amas de casa, de más de 65 años y sin trabajo remunerado, se repiten expresiones tales como "distraerse", "arreglarse", "salir de casa", "aprender" o "salir de la soledad". Existe en ellas una necesidad de trascender el espacio doméstico y, en algunos casos, adquirir nuevos conocimientos que les ayuden a proyectar sus vidas en ámbitos distintos a los del hogar.

El perfil de nuestras socias es el de mujeres que tienen muchas ganas de aprender, de salir, de comunicarse y de crecer como mujeres. Hay mujeres viudas, otras que han sufrido violencia de género, otras que han tenido que luchar contra relaciones muy tóxicas..., y la asociación las ha ayudado a salir de ahí (participante nº 3).

La asociación es una alegría, una manera de pasarlo bien. Sin la asociación, muchas mujeres estarían toda la tarde cara a la televisión. Aquí somos una familia (participante nº 47).

Nosotras las sacamos de casa, les hacemos que se arreglen, que vengan, que merienden, les ponemos música, bailamos... (participante nº 25).

Yo creo que lo primero que vienen buscando las

Algunas socias dieron el paso a formar parte de una agrupación de mujeres en un momento especialmente difícil de sus vidas, por lo que hablan de su asociación como de un salvavidas que marcó un antes y un después en sus trayectorias vitales.

La Organización Mundial de la Salud (OMS) define la salud como un estado de bienestar físico, mental y social, y no sólo la ausencia de enfermedades. En este sentido, la asociación andaluza Páginas Violeta considera que las organizaciones de mujeres pueden calificarse como agentes de promoción de la salud, ya que en ellas las socias pueden reforzar su estabilidad emocional e incluso conseguir salir de situaciones depresivas.

Algunas socias encontraron, además de un lugar en el que estar en buena compañía, una manera de crecer individualmente, de verse a sí mismas como más sólidas, más fuertes y capaces. Y es que la idea de participar y aprender se presenta como contraria al aislamiento del ámbito doméstico. El aprendizaje supone una apertura al mundo exterior, un posicionamiento activo con grandes beneficios personales y sociales.

capaz de hacer cosas delante de 500 personas. Me he demostrado a mí misma que puedo, además de que me ha servido para relacionarme con personas de muchos niveles sociales, desde gente que no tiene ninguna cultura a gente que es catedrática (participante nº 49).

Otras mujeres ponen más el acento en la parte lúdica, en la de las meriendas en compañía y, cómo no, en las risas con las amigas.

Hay un rollo muy bueno, y traen café y galletas para todas. Y una socia tiene mucha mano para el dulce y trae muchas veces tartas. Hay buen ambiente, ganas de compartir, de reírnos... (participante nº 82).

Pero como no puede ser de otra manera, también hay aspectos negativos, acusaciones o comentarios que producen dolor en las personas que, posiblemente muy injustamente, los reciben.

El otro día una socia me vino a decir que todo lo que estoy haciendo en la Directiva es un poco por aparentar, ¡y me dio una tristeza tan grande! Esto mismo me lo dice hace unos años y me hundo (participante nº 86).

En una Junta General dije: "Parece mentira que tenga que escuchar rumores. Yo pasé unas circunstancias que, al quedarme viuda, dejé de ir a las excursiones porque no me llegaba el dinero y soy incapaz de pedírselo a mis hijos. Si yo me aprovechara de la asociación, yo hubiera ido a esas excursiones y la asociación me las hubiera pagado, pero eso no ha sido así." Hay momentos en la vida que te tienes que callar porque si estás enfadada cuando hablas, pierdes la razón. Te tienes que serenar y decirlo sin gritar (participante nº 88).

Pese a los inconvenientes y dificultades, el balance es siempre positivo. Debido a la socialización de género, muchas mujeres se han encargado del cuidado de otras personas, pero han descuidado el suyo propio. Invertir tiempo en el autocuidado es necesario, y posiblemente sea el primer paso para poder ejercitar un pensamiento crítico, reflexión que puede conducirnos, como señala del Valle (2001), a la otra orilla, es decir, a un espacio de mayor igualdad y equidad.

10

COMUNICACIÓN INTERNA Y EXTERNA

Hacer visible la importante labor que llevan a cabo las organizaciones de mujeres en ámbitos tan variados como la salud, la cultura o la reivindicación feminista supone adquirir un protagonismo que contribuye a mejorar la imagen pública del movimiento asociativo de mujeres.

En la comunicación de las asociaciones tenemos que diferenciar entre comunicación interna y comunicación externa. La primera hace referencia al traslado de información a las asociadas a través de diversos canales como pueden ser el correo electrónico, el correo postal, boletines trimestrales, mensajes de WhatsApp, notas en los tablones de anuncios, etc. Hasta hace sólo unos años esta comunicación era unidireccional, es decir, partía únicamente de la Directiva, y las personas asociadas eran las destinatarias. Actualmente, sin embargo, se busca que esta comunicación se dé en las dos direcciones con el fin de que las mujeres con responsabilidades dentro de la asociación conozcan los asuntos que son de interés y/o preocupación para las socias.

Por su parte, la comunicación externa se ha enfocado, tradicionalmente, a los medios de comunicación. Sin embargo, esto también ha cambiado y hoy en día podemos difundir nuestros mensajes, con el fin de hacerlos públicos y que lleguen al mayor número de personas posibles, a través de redes sociales (Facebook, X, Instagram, YouTube, Pinterest, TikTok, entre otras), pero también mediante blogs y páginas webs. El objetivo de esta comunicación externa consiste en dotar a la propia asociación de una mayor eficacia, ya que se da a conocer, es decir, gana visibilidad, sobre todo entre aquellos grupos de interés que tienen relación con la visión y misión que persigue la organización. "Los movimientos sociales necesitan medios para difundir su visión alternativa de la realidad, su 'otro mundo es posible', y también para denunciar los hechos que suceden bajo la eterna indiferencia de los medios de comunicación tradicionales" (de Miguel, 2015, p. 207).

> La comunicación gana enteros, de forma progresiva y como área estratégica, en todo tipo de empresas, organizaciones e instituciones. Sin embargo, no podemos decir lo mismo de la mayoría de las asociaciones. Sorprende la escasa o nula gestión comunicativa de la mayoría de estas entidades. (Serrano y Guillotte, 2020, p. 129)

A esta misma conclusión de una escasa gestión comunicativa hemos llegado al analizar la comunicación que emplean las asociaciones que forman parte de esta investigación, siendo la externa la que más debilidades presenta. Algunos de los datos obtenidos más significativos son los siguientes:

- 31 asociaciones tienen una cuenta de correo electrónico, pero el resto, es decir, 13, no cuentan con ninguna.
- Respecto a una de las redes sociales más populares de todas, Facebook, sólo 17 asociaciones (38,6%) cuentan con un página, perfil o grupo, y ese número habría que matizarlo puesto que sólo 10 de ellas lo mantienen realmente en activo, es decir, han publicado alguna información en los últimos 6 meses.
- Otra de las redes sociales más conocidas y utilizadas en la actualidad es Instagram. En el caso que nos ocupa, sólo 8 asociaciones, es decir, un 18,2%, tienen allí una cuenta abierta.
- La red social X (antes Twitter), caracterizada por permitir contar historias en un máximo de 280 caracteres, es utilizada solamente por las asociaciones Amamanta, Col.lectiu de dones feministes de Moncada y Dones feministes d'Alboraia.
- YouTube, que es un canal donde podemos compartir contenidos audiovisuales, sólo ha despertado el interés de Amamanta y del Col.lectiu de dones feministes de Moncada. El resto de las asociaciones (95,5%) no tiene abierto ningún canal en esta plataforma.
- Los blogs o páginas webs son instrumentos que permiten compartir con el público la historia de la asociación, las actividades que realiza, los valores

que la definen, así como sus objetivos. Es muy importante mantener el blog o sitio web vivo, es decir, introducir nuevos contenidos constantemente. Pues bien, si bien es cierto que 6 entidades (13,6%) cuentan con esta herramienta de comunicación, sólo 1 de ellas (Amamanta) cumple con el requisito de actualizar la información publicada. El resto de las páginas webs o blogs están sin actualizar desde hace, por lo menos, un par de años, y las propias socias nos explican que no tienen interés en hacer un mayor uso de esta herramienta.

Tabla 10
Mail y redes sociales de las 44 asociaciones entrevistadas de l'Horta Nord

ASOCIACIONES	MAIL Y REDES SOCIALES
Tyrius Alboraia	No tienen
Dones feministes d'Alboraia	Mail: donesalboraia@gmail.com Instagram: @donesfeministesalboraia Facebook: Dones d'Alboraia X: @DAlboraia
Dones actives d'Alboraia	No tienen
Rosella cultura i art (Alboraia)	No tienen
Amamanta Alboraia	Mail: secretaria@amamanta.es Web: amamanta.es Instagram: @amamanta_oficial Facebook: Amamanta X: @Amamanta_ YouTube: @AmamantaTV

Tyrius Albuixech	Mail: aso.amasdecasa.albuixech@gmail.com Redes sociales: No
Tyrius Alfara del Patriarca	No tienen
Amas de casa Arco Iris (Almàssera)	No tienen
Dones de Bonrepòs i Mirambell	Mail: calcoversanchez@hotmail.com Redes sociales: No
Tyrius Burjassot	Mails: tyriusburjassot@gmail.com y aacctyriusburjassot@gmail.com Redes sociales: No
Associació teatral Paraules i Dones (Burjassot)	Mail: paraulesidones@gmail.com Facebook: ParaulesiDones Associació Tea- tral
Grup de dones de Burjassot	Mail: ampalanca-alabadi@hotmail.com Redes sociales: No
Tyrius El Puig de Santa Maria	Mail: anachecacamara@hotmail.com Facebook: Amas de Casa Tyrius El Puig (sin actualizar desde abril del 2023)
Associació cultural ames de casa d'Em- perador	Mail: conchilopez56@gmail.com Redes sociales: No
Tyrius Foios	No tienen
Dones de Foios	Mail: correo@donesdefoios.org Web: donesdefoios.org (no la utilizan) Facebook: Associació Dones de Foios
Tyrius Godella	Mail: balbinamaria53@gmail.com Redes sociales: No
Dona Sana (Godella)	No tienen
Dones de La Pobla de Farnals	associacio.dones.pobla.farnals@gmail.com Redes sociales: No

Associació feminista de dones A cada lluna (Godella)	Mail: acadalluna@gmail.com Facebook: a cada lluna
Associació per la integración de la dona Penya què més dona (La Pobla de Farnals)	Mail: penyaquemesdona@gmail.com Facebook: Penya Què Més Dóna (sin actualizar desde el 2018)
Mujeres por la sororidad (La Pobla de Farnals)	Mail: mujeresporlasororidad@gmail.com Instagram: @mujeresporlasororidad Facebook: Mujeres por la sororidad
Mujeres por las labores tradicionales (La Pobla de Farnals)	No tienen
Asociación de la mujer de Massamagrell	Mail: No Web: https://asociaciondelamujermassamagrell.blogspot.com/(sin actualizar desde el 2018) Facebook: Asociación de la Mujer de Massamagrell (sin actualizar desde el 2019)
Asociación de mujeres La Magdalena (Massamagrell)	Mail: asociaciondeladona@gmail.com Redes sociales: No
Espai d'infantesa i criança La Garrofera (Meliana)	Mail: lallavordelagarrofera@gmail.com Instagram: @somlagarrofera
Amamanta Meliana	Mail: secretaria@amamanta.es Web: amamanta.es Instagram: @amamanta_oficial Facebook: Amamanta X: @Amamanta_ YouTube: @AmamantaTV
Marelactam (Moncada)	Mail: marelactam@gmail.com Web: https://marelactam.es.tl (está sin actividad) Facebook: Marelactam

Col.lectiu de dones feministes de Moncada	Mail: cdedonesdemoncada@gmail.com Facebook: Col.lectiu de Dones Feministes de Montcada. València. YouTube: @cdedonesmoncada X: @col_dones Instagram: col.lectiu_feministes_montcada
Tyrius Moncada	No tienen
Tyrius Paterna	Mail: sologuipaterna@yahoo.com Redes sociales: No
Mujeres africanas de Paterna y la Comunidad Valenciana	Mail: amapcv@hotmail.com Web: https://africanasdepaterna.wordpress.com (sin actividad desde el 2019) Instagram: @amap.cv Facebook: Mujeres Africanas (sin actividad desde el 2022)
Associació feminista Adona't de La Canyada (Paterna)	Mail: adonatlacanyada@gmail.com Redes sociales: No
Mujeres de La Cañada (Paterna)	asociacionmujereslacanyada@gmail.com Facebook: Asociación Mujeres de la Canyada
Asociación cultural mujeres de Santa Rita (Paterna)	asociacionmujeressantarita@hotmail.com Redes sociales: No
Amas de casa emprendedoras de La Coma (Paterna)	Mail: aace.lacoma@gmail.com Redes sociales: No
Tyrius Puçol	Mail: tyriuspucol@gmail.com Redes sociales: No
Col.lectiu de dones de Puçol	Mail: donespuzol7@gmail.com Redes sociales: No
Tyrius Rafelbunyol	Mail: tyriusrafelbunyol@hotmail.com Facebook: Asociación de amas de casa y consumidores Tyrius Rafelbunyol

Tyrius Rocafort	No tienen
Col.lectiu Feminista 19J de Rocafort	Mail: 19jrocafort@gmail.com Web: tienen un apartado dentro de www.lapedrerarocafort.com Facebook: Col.lectiu Feminista Rocafort 19J (sin actualizar desde el 2022)
Col.lectiu de dones (Tavernes Blanques)	Mail: pepe_y_pili@hotmail.com Instagram: colectiu_de_dones_t.b Facebook: Col.lectiu de Dones de Tavernes Blanques (sin actualizar desde el 2022)
Tyrius Vinalesa	No tienen
Associació cultural de dones de Vinalesa	Mail: cafrepa@hotmail.es Redes sociales: No

Esta situación que muestra la Tabla 10 no tiene visos de cambiar a corto y medio plazo, puesto que las asociaciones de mujeres y asociaciones feministas de l'Horta Nord, al ser preguntadas por si les gustaría tener una mayor presencia en Internet, dieron una respuesta negativa en un 79,5% de los casos. Tan sólo 9 entidades (20,5%) dijeron que sí y alegaron, para no hacerlo, dos motivos fundamentalmente: la brecha digital y el hecho de que no hubiese ninguna socia dispuesta a asumir la responsabilidad de ocuparse de las redes sociales o de la página web.

> *A mí ya me cuesta hacer un simple escrito a mano, como para ponerme ahora con Internet y redes sociales. No, no sabemos y no nos interesa (participante nº 5).*

Si alguna quisiera encargarse de las redes sociales estaría muy bien porque más gente nos vería, pero nadie quiere, y nosotras con lo que tenemos ya tenemos bastante. Además, hay que pedir permiso por tema fotos... y todo eso lo complica mucho más (participante nº 27).

Como indicábamos, un 79,5% de las asociaciones consideran que no es necesario mejorar su comunicación externa, y los motivos que alegan para ello se resumen a continuación:

- 3 asociaciones dicen que están cubiertas, comunicativamente hablando, por sus ayuntamientos, puesto que éstos se encargan de publicitar las actividades que las entidades realizan a través de sistemas tan variados como bandos, mensajería instantánea a través del teléfono, cartelería y la propia web municipal.
- Otras 3 asociaciones afirman que, aunque tienen al menos una red social, no les interesa esta manera de comunicarse con el exterior o con las propias socias, las cuales, dicen, no se manejan bien en Internet.
- Otras 19 asociaciones, que no cuentan con ningún medio propio para comunicarse con el exterior, alegan que la gente de sus municipios conoce de su existencia, por lo que no ven necesario promocionarse a través de medios digitales, al tiempo que sostienen que no tienen interés en aprender y dedicar tiempo a ello.

Efectivamente, según las respuestas de las propias entidades, un 86,4% aseguran que sus vecinas y vecinos conocen la existencia de su asociación, frente a un 13,6% que creen que no tienen suficiente visibilidad, por lo que son desconocidas por la mayor parte de la gente de sus municipios.

Figura 12
Visibilidad del asociacionismo de mujeres

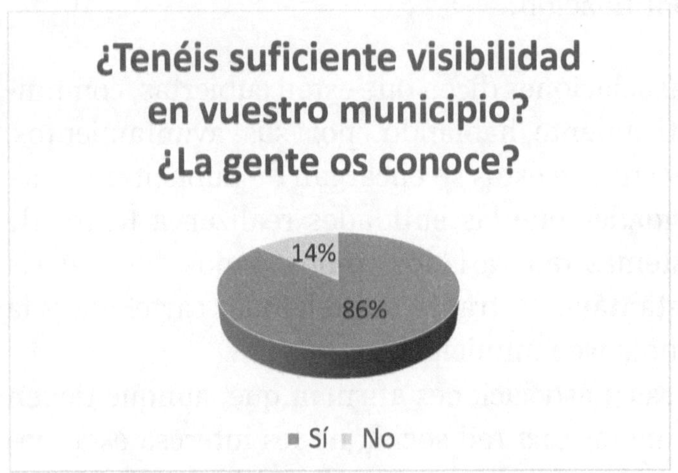

Sin embargo, aunque ya sean populares en sus pueblos o ciudades, ¿no merece la pena ir conquistando nuevos espacios? ¿Las Tecnologías de la Información y de la Comunicación (TIC) no deberían ser una prioridad en las entidades para no quedarse aisladas? Las tecnologías se han instalado ya en nuestras vidas cotidianas, por lo que habría que sacarles partido para que fueran herramientas útiles para las asociaciones en su planificación y estrategia (Instituto Andaluz de la Mujer, s.f.).

Este organismo considera que el uso de Internet y los medios de comunicación tradicionales por parte del asociacionismo de mujeres sirve, entre otras cosas, para visibilizar a las organizaciones, fortalecer liderazgos femeninos, superar los estereotipos de género, tener una mayor incidencia como activistas, lanzar mensajes propios, crear redes de lucha colectiva, sensibilizar sobre los patrones sociales y culturales en los que se sustenta el patriarcado, plantear iniciativas y movilizaciones, y denunciar situaciones que atacan la imagen y los derechos de las mujeres. En definitiva, "sirven para construir un orden social más justo, igualitario e inclusivo" (p. 8). Todas estas ventajas, insistimos, no son suficientemente atractivas por parte de la mayoría de las asociaciones de mujeres de l'Horta Nord, las cuales, conviene aclarar, no tienen problemas con el coste o el acceso a Internet, sino que su desconexión responde a una falta de interés por los contenidos y el funcionamiento de la vida digital.

> Las mujeres tienen mayores obstáculos y dificultades en el conocimiento, formación, acceso, uso e impacto de las TIC, otra manifestación de la desigualdad de género. La brecha digital de género se entrecruza con otras variables como la edad, el nivel educativo y la situación económica y social. Disminuir la brecha digital es dar un paso más hacia la igualdad entre mujeres y hombres, siendo el camino más eficaz la formación. (Asociación de mujeres Páginas Violeta, 2023, pp. 96-97)

Respecto a la comunicación interna que utilizan las 44 asociaciones de la comarca, los vehículos para dar a conocer todas las novedades, alertas o recordatorios a las socias son el WhatsApp, el correo postal y los boletines trimestrales informativos. La primera de estas herramientas es la más moderna de todas, puesto que hace uso de medios tecnológicos, pero no está implementada en todas las asociaciones debido a que muchas mujeres no sólo no cuentan con los conocimientos necesarios para el manejo de esta aplicación, sino que incluso no tienen un teléfono móvil. Por eso, continúa vigente el sistema de envío de cartas a los domicilios de las asociadas y, sobre todo, el realizar y distribuir una especie de folleto (un folio doblado por la mitad) con la relación de talleres, excursiones, charlas, etc., que tendrán lugar durante todo un trimestre.

En este punto, encontramos una gran diferencia entre las asociaciones de mujeres y las asociaciones feministas, puesto que son éstas las que hacen un mayor uso de las TIC. No hay que olvidar que el perfil de las militantes de los colectivos feministas corresponde al de mujeres más jóvenes, mejor formadas y que desarrollan o han desarrollado una carrera profesional, por lo que su participación en el mundo digital está mucho más extendida. Además, son conscientes de que los canales digitales permiten y potencian la participación de las personas en un contexto cada vez más globalizado, al tiempo que favorecen la visibilidad de problemas que afectan en mayor medida a las mujeres y que no tienen cabida en los canales de comunicación más tradicionales.

No en vano, son varios los fenómenos que han roto las barreras espaciales uniendo a las mujeres de todo el mundo como el movimiento #MeToo, en el cual las mujeres daban a conocer la violencia psicológica y sexual que habían sufrido por parte de hombres, o el más reciente #SeAcabó, que empezó haciendo alusión al hartazgo de las jugadoras de fútbol de nuestro país ante la falta de respeto de sus superiores varones y las condiciones en las que trabajaban, para convertirse luego en la denuncia de miles de mujeres sobre agresiones, maltratos y todo tipo de violencias machistas.

La red de redes no sustituye a los encuentros en directo donde las mujeres pueden verse cara a cara con sus compañeras, pero constituye un espacio privilegiado para la participación no convencional "gracias al bajo coste económico, la facilidad de acceso, la ausencia de controles directos y la inmediatez de la información" (de Miguel, 2015, p. 207).

11

SIMILITUDES Y DIFERENCIAS ENTRE LAS ASOCIACIONES DE MUJERES Y LAS ASOCIACIACIONES FEMINISTAS

A lo largo de todas estas páginas hemos realizado una radiografía sobre cuál es la situación, en la actualidad, del movimiento asociativo de mujeres en la comarca de l'Horta Nord. Si bien existen, como hemos visto, ciertas dificultades – a veces de tipo económico, en otras por falta de socias, o en otras debido a un cierto estancamiento en los modos y objetivos -, se trata de un tejido asociativo vivo, dinámico y diverso, que aporta gran riqueza y valor en los municipios en los que se asienta.

En las Tablas 11 y 12 sintetizamos algunos de los aspectos tratados a lo largo de la segunda parte de este libro, y lo hacemos estableciendo las diferencias y similitudes que existen entre las asociaciones de mujeres y las asociaciones feministas, un conjunto de 44 agrupaciones que conforman un movimiento amplio que no sólo es capaz de transformar la vida de muchas mujeres, sino que también hace avanzar la sociedad en su conjunto. Gracias a la labor de estas asociaciones como agentes de cambio social, la vida de las mujeres es hoy un poco más digna.

Tabla 11
Resumen de las semejanzas existentes entre las asociaciones de mujeres y las asociaciones feministas de l'Horta Nord

ASOCIACIONES DE MUJERES Y ASOCIACIONES FEMINISTAS
- Comparten el objetivo de querer mejorar la vida de las mujeres.
- Han construido espacios alternativos al doméstico, lugares propios donde trabajan por y para las mujeres.
- Comparten la presencia en el espacio público.
- Rompen con el aislamiento de muchas mujeres y proporcionan un tiempo y un espacio a sus socias para pensarse.
- Tienen dificultades para renovar sus Juntas Directivas.
- Tienen dificultades para atraer a nuevas socias.
- La falta de tiempo de sus socias es un problema a la hora de planificar tareas y distribuir responsabilidades, así como para relacionarse con otras asociaciones con el fin de desarrollar proyectos conjuntos.
- Casi todas las asociaciones disponen de un local social cedido por sus ayuntamientos, y la mitad de ellas también reciben una subvención municipal.

Tabla 12

Resumen de las diferencias existentes entre las asociaciones de mujeres y las asociaciones feministas de l'Horta Nord

ASOCIACIONES DE MUJERES	ASOCIACIONES FEMINISTAS
Número de asociaciones	
38	6
Número de socias	
5.596	186
Temas y objetivos	
No tienen objetivos de cambio social basados en la igualdad y se definen como apolíticas. Sus objetivos tienen que ver con la salud, el desarrollo personal, la cultura y el ocio, o dicho de otro modo, con ganar espacios de sociabilidad.	Sus objetivos son políticos y se basan en todos aquellos temas que sirven para poner de relieve la posición de subordinación de las mujeres y su lucha para poner fin a su discriminación: prostitución, pornografía, vientres de alquiler, corresponsabilidad, feminización de la pobreza, brecha salarial, techo de cristal, violencia sexual, violencia de género, etc.
Perfil de las socias	
Mayoritariamente son amas de casa, con una formación académica básica y que superan los 65 años de edad.	La edad media de las socias es algo menor que las de las asociaciones de mujeres, han alcanzado un nivel de estudios más alto y realizan o han realizado trabajos remunerados.

Antigüedad	
Son entidades que han demostrado una gran adaptación al cambio, puesto que muchas llevan en pie desde los año 70 del siglo pasado.	Son entidades jóvenes que apenas tienen 7 años de vida (a excepción de un colectivo que tiene 29 años de antigüedad).
Formas de activismo	
La manera más habitual de llegar a la sociedad es a través de exposiciones donde muestran sus trabajos, o de exhibiciones, en el caso del baile o del teatro. Además, algunas de estas asociaciones han evolucionado implicándose en causas para la mejora de la situación de las mujeres, como son los actos y actividades que se organizan con motivo del 25N y el 8M, practicando así un activismo más político.	Sus formas de activismo son: manifestaciones, concentraciones, concursos literarios, clubs de lectura, clubs de cine, charlas, exposiciones, manifiestos, presión a los ayuntamientos a través del Consell de la dona, etc. Las activistas que forman este grupo vienen de la corriente feminista de la tercera ola, y no de la cuarta, la cual está integrada por mujeres mucho más jóvenes caracterizadas por hacer un fuerte uso de las redes sociales, por trascender lo local abarcando lo global, y por tener un carácter más subversivo. Este nuevo activismo feminista apuesta por prácticas más horizontales y asamblearias, alejadas de la institucionalización, formalización y burocratización de las asociaciones de la ola anterior. De cualquier modo, la movilización, la protesta y el activismo son las formas de acción política comunes a todas las generaciones de feministas.

Público objetivo de sus acciones	
Las propias socias, en la mayoría de las agrupaciones.	La sociedad en su conjunto.
Uso de las TIC	
Un 66% no tiene ninguna red social y un 31,6% no dispone de correo electrónico.	La gran mayoría tiene tanto correo electrónico como, al menos, una red social.

CONCLUSIONES

Las asociaciones de mujeres y asociaciones feministas de l'Horta Nord están presentes en 22 de los 23 municipios que conforman esta comarca. Constituyen un total de 49 agrupaciones que dinamizan su entorno, realizan y participan en actividades socioculturales, potencian una forma de ocio activa y, en algunos casos, se orientan a romper con un sistema que coloca a los hombres en una posición de superioridad con respecto de las mujeres, contribuyendo así a generar una cultura de la igualdad a nivel local. Constituyen un movimiento asociativo que ayuda a la consolidación de un proceso de empoderamiento entendido como una mayor concienciación de los condicionantes de género que van aparejados a los sexos, así como un fortalecimiento de las capacidades individuales de sus socias. Pero, además, estas agrupaciones de mujeres actúan como agentes de cambio social, puesto que sus acciones se traducen en una participación en lo público que ha contribuido a la construcción de una sociedad más justa. Esta militancia activa supone una aportación incuestionable, aunque muy poco reconocida, al avance colectivo de la comunidad.

La presente investigación ha analizado los objetivos, actividades y proyectos que desarrollan 44 de estas 49 agrupaciones, lo que nos ha permitido conocer qué tipo de asociaciones existen, es decir, clasificar el asociacionismo femenino de la comarca y saber, de este modo, cuáles son sus ámbitos de actuación e influencia. Así, hemos podido confirmar que las asociaciones de promoción sociocultural son, con diferencia, las más numerosas, puesto que en este grupo encontramos 33 entidades, es decir, un 75% del total. Le siguen los colectivos feministas, con una suma de 6; las asociaciones centradas en la lactancia materna y promoción de la salud de las mujeres, con 3 agrupaciones; y finalmente tenemos 1 asociación de carácter vecinal y 1 de tipo deportivo.

Otra clasificación es la que diferencia, dentro del movimiento amplio de mujeres, a dos grandes grupos, las asociaciones de mujeres por un lado y los colectivos feministas por otro, en cuyo caso nos encontramos con una amplia mayoría de las primeras, tanto en número de entidades como de socias. En concreto, tenemos 38 agrupaciones en el primer grupo (con 5.596 socias) y 6 en el segundo (con 186 mujeres). Esta clasificación no pretende jerarquizar, sino constatar la existencia de dos grandes tipologías.

En la primera, las demandas giran en torno a la salud, el desarrollo personal, y la cultura y el ocio de las mujeres, mientras que en la segunda encontramos objetivos estratégicos que parten del reconocimiento y toma de conciencia de la posición de subordinación y discriminación de las mujeres en la sociedad.

En este sentido, las asociaciones de mujeres se definen como apolíticas (consideran que las conversaciones sobre asuntos políticos suponen una intromisión al clima de evasión de la organización), pero han sabido construir espacios alternativos al doméstico, ofreciendo la posibilidad de romper con el aislamiento de muchas mujeres y proporcionándoles un tiempo y un espacio para pensarse (lo que puede derivar en consecuencias transformadoras).

Las asociaciones feministas, por el contrario, tienen fines políticos, y por eso sus acciones son políticas. Asumen la tarea de llevar a lo público lo que los diversos poderes quieren y consiguen dejar oculto, de ahí que les debamos que en la actualidad exista una mayor visibilidad sobre muchas realidades discriminatorias para las mujeres y para las niñas. De Miguel (2015) sostiene que el movimiento feminista ha sabido, en primer lugar, definir una situación como problemática o injusta, en segundo lugar, encontrar las causas de tal situación para, finalmente, ser capaz de articular propuestas alternativas, es decir, mostrar que otra realidad es posible.

Esta misma clasificación – asociaciones de mujeres por un lado y asociaciones feministas por otro, pero todas ellas dentro del movimiento amplio de mujeres - nos sirve también para observar ciertas diferencias en el perfil de las socias que forman parte de estos dos grandes grupos. Las asociaciones de mujeres están formadas, fundamentalmente, por amas de casa, con una formación académica básica, y que superan los 65 años de edad. En los colectivos feministas, si bien el perfil también es el de una mujer mayor, la edad media de sus socias es algo menor, y éstas han alcanzado un nivel de estudios más alto y realizan o han realizado trabajos remunerados.

Otra diferencia radica en quiénes constituyen el público objetivo de sus actividades. Los 6 colectivos feministas de l'Horta Nord realizan acciones dirigidas a toda la sociedad. De hecho, su propósito es llegar al mayor número posible de personas, puesto que lo que pretenden es contribuir a generar un debate en torno a temas complejos como la educación, la prostitución y la pornografía, los vientres de alquiler, la corresponsabilidad, las relaciones desiguales de poder dentro de la pareja, la brecha salarial, la violencia de género, y un largo etcétera. En definitiva, podemos afirmar que sus militantes identifican sus propios objetivos con la mejora de la sociedad en su conjunto. Frente a ello, las asociaciones de mujeres trabajan más de puertas hacia adentro, es decir, las personas destinatarias de sus actividades son las propias socias, y no tanto las vecinas y vecinos de sus municipios. Sin embargo, es justo señalar que dentro de este grupo encontramos 11 asociaciones que afirman dedicar más de un 70% de sus talleres y propuestas a toda la ciudadanía.

Otra distinción tiene que ver con la antigüedad de estos dos tipos de entidades. Mientras que las asociaciones de mujeres tienen una larga trayectoria a sus espaldas, ya que algunas de ellas nacieron durante la dictadura franquista, demostrando así su capacidad de permanencia y adaptación al cambio, las asociaciones feministas son de reciente creación. La más antigua de todas es el Col.lectiu de dones feministes de Moncada, que se fundó en el año 1995, pero las otras 5 agrupaciones tienen, como mucho, siete años de vida. Aunque el movimiento feminista internacional cuenta ya con casi 200 años de historia, en España da sus primeros pasos durante la transición democrática, hecho que explica el surgimiento de los colectivos feministas décadas después de que lo hicieran las tradicionales asociaciones de amas de casa.

Podemos añadir una diferencia más, en este caso relacionada con el uso que ambos grupos hacen de los medios de comunicación. Sería deseable que se diera un interés por hacer visible las actuaciones de las asociaciones que no se declaran feministas, pero la realidad nos muestra una escasa preocupación en este sentido. Son los colectivos feministas los que más valor dan a mejorar su imagen pública, a adquirir protagonismo, a expresar quiénes son y a dar a conocer su labor. Por eso, 5 de las 6 entidades de este grupo tienen, al menos, una red social que utilizan habitualmente. Las asociaciones de mujeres, sin embargo, tienen una escasa presencia en Internet, y desafortunadamente no manifiestan aspirar a cambiar esta situación. Para ello alegan, fundamentalmente, el desconocimiento que tienen del manejo de las nuevas tecnologías de la comunicación, así como la falta de tiempo para hacerse cargo de ellas. En unos pocos casos también aducen que desde las redes sociales y la mensajería instantánea de sus ayuntamientos se pone en conocimiento de toda la ciudadanía sus acciones, de modo que no precisan ampliar o mejorar su comunicación externa. Dentro de este grupo formado por 38 asociaciones de mujeres, conviene señalar que un 66% no tienen abierta ninguna cuenta en ninguna red social y que un 31,6% no disponen de correo electrónico.

Uno de los logros del feminismo radica en que parte de sus reivindicaciones han sido asumidas por amplias capas de la sociedad, por instituciones, organismos y asociaciones de todo tipo en función de un principio general de justicia. Así, y volviendo a la realidad asociativa de l'Horta Nord, si bien sólo existen 6 colectivos feministas, otras 6 organizaciones sostienen autopercibirse como feministas en el sentido de que se suman activamente a iniciativas que tienen que ver con la visibilización de la violencia de género, por ejemplo, como las que organizan muchos ayuntamientos con concentraciones mensuales, lectura de manifiestos, o manifestaciones con motivo del 25N y el 8M. Estas asociaciones no centran sus objetivos en la igualdad entre los sexos, pero sí que admiten que en su seno se ha producido un cambio de mentalidad que ha ayudado a ampliar su mirada e incorporar un punto de vista feminista en parte de sus actividades. Aun así, tan sólo un 25% de las 44 agrupaciones que forman parte de este estudio dicen incorporar el principio de igualdad en sus estatutos, y un 72,7% no desarrollan un trabajo, ni interno ni externo, en el que se incluya algún objetivo relacionado con la promoción de la igualdad de oportunidades para las mujeres. Sin lugar a dudas, éste es un aspecto que debería mejorar, puesto que resta eficacia a la consecución de objetivos de cambio amplios y globales para el conjunto de las mujeres.

Vistas las diferencias, conviene destacar lo que une a todas las asociaciones de mujeres y asociaciones feministas. Por un lado, comparten la presencia en el espacio público, es decir, ambos grupos han contribuido a superar la idea de que el espacio doméstico es el único posible para las mujeres y han creado lugares propios, las asociaciones, en las que construyen redes fuera del ámbito familiar. Por otro lado, tienen como objetivo principal atender las carencias y necesidades de las mujeres. Utilizan para ello diferentes estrategias y persiguen metas distintas, por lo que conviene recordar que los objetivos importantes, aquéllos que permiten mejorar la calidad de vida de las personas, en este caso de las mujeres, sólo pueden lograrse cuando detrás hay muchas ciudadanas empujando en una misma dirección, es decir, cuando se reconoce el pluralismo existente y se establecen pactos entre las mujeres.

Las aportaciones individuales de las pensadoras y teóricas son importantísimas, pero es el esfuerzo continuado de las activistas el que produce grandes transformaciones. Para conseguirlas, hay que distribuir tareas, motivar, planificar y movilizar, y así es como lo hacen los colectivos que trabajan a favor de la causa de las mujeres. Esta ocupación ardua requiere compromiso, y éste implica regalar parte de tu energía vital y de tu tiempo personal, tiempo que, en el caso de las mujeres, es un bien escaso. Así nos lo han hecho saber un 77% de las organizaciones que forman parte de esta investigación poniendo sobre la mesa la falta de corresponsabilidad en sus hogares, así como la obligación, de muchas mujeres mayores, de hacerse cargo de sus nietas y nietos, renunciando de este modo a su participación en charlas, talleres o excursiones.

Otra de las consecuencias de esta escasez de tiempo se evidencia en el hecho de que las relaciones entre las asociaciones de distintos municipios con las que se comparten objetivos, o entre las entidades de una misma localidad con objetivos diferentes, son o bien inexistentes o bien puntuales. Sólo un 13,6% de las agrupaciones afirman mantener relaciones frecuentes y, pese a estas cifras, únicamente un 15,9% consideran que la falta de intercambio de experiencias y la realización de proyectos conjuntos son aspectos que deberían mejorarse. Esto explicaría, por ejemplo, que sólo 11 agrupaciones formen parte de la Federació de dones i col.lectius per la igualtat de l'Horta Nord, o que 41 no estén adheridas a ninguna plataforma, asamblea o coordinadora. Donde sí que se aprecia un mayor compromiso es en las denominadas redes institucionales, ya que casi el 50% de las asociaciones de mujeres y asociaciones feministas forman parten del Consell de la dona/ Consell de participació ciutadana/ Consell veïnal de su ayuntamiento. Sin embargo, son muy pocas las que observan estos espacios como instrumentos de presión en los que influir para conseguir cambios y avances en la igualdad.

La gran mayoría de las asociaciones entrevistadas disponen de un local social (en exclusiva o compartido) cedido por el ayuntamiento de su municipio para poner en marcha sus actividades. De hecho, sólo 2 asociaciones tienen que recurrir al alquiler privado de un local y otras 2 se reúnen en casas particulares, parques o bares, circunstancia que es percibida como un acto discriminatorio motivado por su perfil feminista. Otra dependencia (que supone a su vez un reconocimiento) del asociacionismo de mujeres respecto a los poderes locales queda patente con la política de subvenciones. 2 de cada 3 agrupaciones solicitaron y recibieron una subvención municipal en el último ejercicio, pero la mitad de ellas consideran que las partidas destinadas a subvenciones son insuficientes, y de nuevo un porcentaje próximo al 50% cree que los procedimientos administrativos que hay que seguir para conseguirlas son complejos y farragosos. Además, señalan desconocer los criterios que siguen los ayuntamientos para el reparto de dichas ayudas entre todas las asociaciones del municipio, por lo que sería aconsejable exigir una mayor transparencia y evitar, así, los recelos y sospechas que existen en algunas entidades y que tienen que ver con el hecho de mantener o no cierta adhesión al partido que ostenta el poder. Las subvenciones, que en su inmensa mayoría se sitúan entre los 1.000 y los 2.000 euros anuales, no cubren las necesidades de las organizaciones, de ahí que se suela recurrir al cobro de una cuota anual a sus socias, si bien es cierto que su importe es irrisorio puesto que no alcanza, de media, los 30 euros al año.

También se observa una cierta atomización organizativa, por lo que sería positivo dar pasos en la creación de redes más amplias y sólidas, lo que les proporcionaría mayor fuerza y visibilidad política. Sin embargo, ya hemos apuntado que la falta de tiempo de las mujeres asociadas es una de las debilidades del asociacionismo de la comarca, por lo que sería necesario, para que compensara la multiplicación del tiempo de militancia, observar resultados tangibles como ampliar su capacidad de interlocución e influencia con los poderes locales, compartir recursos materiales y humanos, realizar campañas de promoción o concienciación más visibles que generaran impacto y que motivaran para emprender nuevas acciones, etc. El empoderamiento grupal, el establecer objetivos comunes, pactos y alianzas ha demostrado ser la mejor vía para conseguir avances significativos en las condiciones de vida de las mujeres, de ahí la importancia de continuar tejiendo redes, de que en la comarca de l'Horta Nord se organicen, por ejemplo, encuentros con las asociaciones de los 23 municipios que la conforman para intercambiar experiencias y coordinar planes de colaboración concretos. En definitiva, parece necesario articular espacios de confluencia que den lugar a complicidades para avanzar en una acción colectiva.

Detengámonos a continuación en algunas de las preocupaciones o amenazas que sufren las agrupaciones que forman parte de esta investigación. Por una parte, nos encontramos con cierto pesimismo al haber visto disminuir, de manera importante, el número de mujeres asociadas, sobre todo en las agrupaciones más longevas. Vivieron años de gloria, con cientos y cientos de mujeres que formaban parte de estas entidades, pero en las últimas décadas han menguado sus cifras, y en general lo achacan a dos motivos: 1) los ayuntamientos han asumido actividades que antes sólo ellas realizaban, como talleres de manualidades, gimnasia, organización de viajes o salidas culturales; 2) las mujeres por debajo de los 50 años nacieron en un contexto social distinto al de las generaciones más mayores, por lo que sus inquietudes se mueven en otras direcciones.

Las 44 entidades estudiadas sufren, en términos generales, un envejecimiento progresivo, y el relevo generacional no está garantizado. De hecho, podemos afirmar que la militancia de mujeres jóvenes en el movimiento asociativo del Horta Nord es prácticamente inexistente[12]. Pero no sólo existe este problema, sino que tampoco las propias socias están dispuestas a asumir un cargo dentro de la Junta Directiva de su asociación, hecho que explica que muchas presidentas lleven ocupando su puesto durante décadas, y lo que es peor, viéndose amenazada la supervivencia de varias agrupaciones debido a que las mujeres que están al frente de las mismas han decidido no continuar adelante, pese a las consecuencias que esta decisión implica. Las dificultades en el reemplazo de los cargos de las Directivas están presentes en el 79% de las organizaciones.

El reto para el futuro del asociacionismo de mujeres y del asociacionismo feminista pasa, por una parte, por incorporar las nuevas formas de participación y activismo que traen y practican las mujeres más jóvenes y, por otra parte, por ampliar el arco de actividades que abarcan, incluyendo los intereses de las personas más jóvenes y contribuyendo así a que todas sus socias sigan avanzando y desarrollándose. Dicho de otro modo, si se quiere asegurar el relevo generacional, parece inevitable cierta transformación y rejuvenecimiento de sus objetivos y de sus acciones, así como una apuesta clara por las nuevas tecnologías. "El romper fronteras generacionales generaría un enorme flujo de intercambio de conoci-

---

[12] Sin embargo, conviene aclarar que, según diversos estudios y encuestas recientes, entre un 51% y un 57% de las mujeres de la Generación Z afirman sentirse feministas, sólo que su activismo no se da en el asociacionismo clásico.
https://cadenaser.com/nacional/2024/03/08/una-de-cada-cuatro-mujeres-jovenes-sufre-agresiones-sexuales-pero-la-mayoria-de-los-chicos-no-ve-machismo-en-la-sociedad-cadena-ser/
https://lacronicadesalamanca.com/569680-cada-vez-menos-chicas-jovenes-que-se-consideran-feministas/

mientos y experiencias entre personas de diferentes generaciones" (Rodríguez y Centella, 2016, p. 1556).

Aun con todo ello, posiblemente las formas de participación y activismo van a ser otras a medio plazo, circunstancia que hará que el movimiento amplio de mujeres de la comarca sufra una mutación consistente en que las actuales asociaciones vayan dando paso a nuevas organizaciones con prioridades, lenguajes y formas de trabajar diferentes, aunque también existe la posibilidad de que haya una coexistencia saludable y enriquecedora entre ambos modelos, los más clásicos y los más actuales. De hecho, en otros contextos próximos, como en la ciudad de València[13], ya puede apreciarse una clara diferencia entre las formas organizativas y reivindicativas que siguen las generaciones de mujeres feministas más jóvenes y las que practican las más mayores. Mientras que las segundas continúan con un modelo propio de la tercera ola (manifestaciones, concentraciones, pedagogía a través de charlas y conferencias, publicación de artículos en medios de comunicación tradicionales, etc.), las primeras han apostado fuertemente por el ciberfeminismo como su principal herramienta de acción feminista, una de las características propias de la cuarta ola, además de que siguen prácticas organizativas más informales, horizontales y asamblearias, y mantienen una visión menos dependiente del campo institucional. A la movilización social en las calles, donde se unen y mezclan todas las

---

[13] Es en las ciudades grandes donde antes surge la heterogeneidad de asociaciones y asambleas, frente a lo que ocurre en los pueblos, donde hay menos capacidad para poder dividirse al existir menos capital humano activista (Nàcher, s.f.).

generaciones[14], hay que sumarle este nuevo modelo, el de los espacios virtuales, donde la participación es inmediata, accesible y masiva, multiplicando el número y diversidad de las luchas y demandas, así como su impacto. Es decir, la dimensión virtual ejerce de altavoz conformando una estrategia mediática para la promoción del movimiento feminista impensable hasta hace muy poco tiempo (Morán y Rodríguez, 2022). De cualquier modo, insistimos en la idea de que en la actualidad las modalidades de feminismo, presentes y pasadas, se superponen proporcionando un escenario complejo y diverso.

Todo ello nos lleva, más que nunca, a hablar de un movimiento feminista heterogéneo, en absoluto monolítico, al igual que tampoco lo fue en los anteriores periodos que conforman la historia del feminismo, ya que cada uno de ellos consiguió desarrollar su teoría y sus formas propias de acción y movilización social. Por eso, porque el movimiento feminista está en continuo cambio y evolución, también las reivindicaciones, es decir, la agenda que recoge los objetivos políticos a alcanzar en cada etapa ha ido modificándose. Si bien es cierto que las feministas de la cuarta ola han puesto especial hincapié en las violencias sexuales y la cultura de la violación como eje vertebrador de sus acciones, se continúa poniendo el acento en aspectos no superados como los trabajos gratuitos que realizan las mujeres en el ámbito privado-doméstico, la precarización del mercado laboral para las mujeres y la explotación de sus cuerpos a través

---

[14] También en ese espacio se aprecian diferencias en las formas, puesto que las mujeres más jóvenes, en las manifestaciones, juegan con los significados, con el humor y con la imaginación para crear un contenido más digerible que lo acerque al gran público (Caballero et al., 2022). Por su parte, Garrido-Rodríguez (2021) señala que emplean formas de reivindicación más atractivas con la presencia de batucadas o *performances*.

de la pornografía, la prostitución y los vientres de alquiler. "El capitalismo neoliberal tiene un proyecto para las mujeres: convertirnos en servidoras laborales, sexuales, reproductivas y domésticas, y contra ello peleamos" (Cobo, como se citó en Kohan, 2023).

Sea como fuere, todas estas agrupaciones, las feministas y las no feministas, conforman eslabones de una noble y digna cadena que da forma a un "nosotras", a un movimiento amplio que, con más o menos ímpetu, pone el dedo en la llaga de la sociedad y realiza propuestas de transformación para revertir lo injustamente que son tratadas las mujeres. Hablamos de la construcción de una identidad colectiva que contribuye, cada día, a la conformación de una sociedad más igualitaria y justa.

BIBLIOGRAFÍA

Ajamil García, Menchu. (2003). Género y ciudadanía: análisis de desafíos para el Estado y el desarrollo local (Presentación de paper). VIII Congreso internacional del CLAD sobre la reforma del Estado y de la Administración Pública, Panamá.
https://genero.redongdmad.org/genero-y-ciudadania-analisis-de-desafios-para-el-estado-y-el-desarrollo-local/

Ajuntament de València. (2020). Evaluación del impacto de las asociaciones en València 2019. https://fundaciohortasud.org/wpcontent/uploads/2020/06/Evaluaci%C3%B3n-del-impacto-de-las-asociaciones-de-Valencia-2019.pdf

Alberich Nistal, Tomás. (1993). La crisis de los movimientos sociales y asociacionismo de los años 90. Documentación social, nº 90, 101-113.

Ariño Villarroya, Antonio. (2004). Asociacionismo, ciudadanía y bienestar social. Papers: Revista de Sociología, nº 74, 85-110.

https://doi.org/10.5565/rev/papers/v74no.1088

Asociación de mujeres Páginas Violeta. (2023). Guía: Las asociaciones de mujeres y sus retos. https://paginasvioleta.com/wp-content/uploads/2023/11/guia-qr.pdf

Ayuntamiento de Granada. (s.f.). Estudio del tejido asociativo de las mujeres en Granada. https://www.granada.org/inet/wmujer8.nsf/36d7dd80ac314a43c125789b00277a79/2742a7a4236a0e14c12578e900288ab9!OpenDocument

Bustos, Raquel y García, Javier. (2018). Guía práctica para facilitar la participación ciudadana. Una selección de herramientas presenciales y digitales para el trabajo colectivo. Departamento de relaciones ciudadanas e institucionales. Gobierno de Navarra.

Caballero-Gálvez, Antonio., Zaera, Anna., Tortajada, Iolanda., y Willem, Cilia. (2022). Fe-MI-nismo en las redes sociales: riesgos y oportunidades para el feminismo contemporáneo. Atlánticas-Revista Internacional de Estudios Feministas, 7 (1), 62-87. https://dx.doi.org/10.17979/arief.2022.7.1.7049

Camps, Victoria. (2013). El siglo de las mujeres. Ediciones Cátedra.

Cobo, Rosa. (2019a). La cuarta ola feminista y la violencia sexual. Paradigma: revista universitaria de cultura, nº 22, 134-138. https://riuma.uma.es/xmlui/bitstream/handle/10630/17716/134%20Cobo.pdf?sequence=1&isAllowed=y

Cobo, Rosa. (2019b). La cuarta ola: la globalización del feminismo. Servicios sociales y política social (ejemplar dedicado a Feminismo y Trabajo Social), nº 119, 11-20. https://www.serviciossocialesypoliticasocial.com/-40

Cobo, Rosa. (2024). Introducción a la historia de la teoría feminista. Siglos XVIII-XXI (Webinar). Escuela de feminismo y empoderamiento de la Diputación de Jaén.

Constitución Española. Boletín Oficial del Estado, 311, de 29 de diciembre de 1978. https://www.boe.es/eli/es/c/1978/12/27/(1)/con

Franco Rebollar, Pepa., Guilló Girard, Clara., y Sánchez García, Laura. (2005). Movimiento asociativo de mujeres y las políticas locales de igualdad. Instituto de la Mujer.

Garrido-Rodríguez, Carmen. (2021). Repensando las olas del Feminismo. Una aproximación teórica a la metáfora de las olas. Investigaciones Feministas (Vol. 12), nº 2, 483-492. https://doi.org/10.5209/infe.68654

Guerra Palmero, María José. (1999). Mujer, identidad y espacio público. Contrastes: Revista Interdisciplinar de Filosofía (Vol. 4), 45-64. https://doi.org/10.24310/Contrastescontrastes.v4i0.1246

Guillén, Amalia., Sáenz, Karla., Badii, Mohammad H., y Castillo, Jorge. (2009). Origen, espacio y niveles de participación ciudadana. Daena: International Journal of Good Conscience, 4 (1), 179-193. http://www.daena-journal.org/

Instituto Andaluz de la Mujer. (s.f.). Guía de comunicación y redes sociales para asociaciones de mujeres. https://laretahila.org/guia-de-comunicacion-y-redes-sociales-para-asociaciones-de-mujeres/

Instituto de las Mujeres. Apoyo al movimiento asociativo. Recuperado el 25 de enero de 2024, de https://www.inmujeres.gob.es/movAsociativo/portada/home.htm

Institut de les Dones. Tejido asociativo. Recuperado el 25 de enero de 2024, de https://participem.gva.es/es/associacions

Junta de Castilla y León. Consejería de familia e igualdad de oportunidades. Dirección General de la Mujer. (2007). Guía asociacionismo y mujer. https://www.tusitio.org/archivos/0800000037/Publicaciones%20IO%20CCB/Gu%C3%ADa%20Asociacionismo%20de%20la%20Mujer.pdf

Kohan, Marisa. (6 de marzo, 2023). ¿Qué fue de la cuarta ola del feminismo? Público. https://www.publico.es/mujer/cuarta-ola-feminismo.html

Larrinaga, Ane y Amurrio, Mila. (2017). Movimientos sociales, participación y dominación. En Jone Martínez-Palacios (Coord.), Participar desde los feminismos (145-172). Icaria.

Ley Orgánica 1/2002, de 22 de marzo, reguladora del Derecho de Asociación. Boletín Oficial del Estado, 73, de 26 de marzo de 2002. https://www.boe.es/eli/es/lo/2002/03/22/1/con

Ley 4/2003, de 13 de abril, de Participación Ciudadana y Fomento del Asociacionismo de la Comunitat Valenciana. Boletín Oficial del Estado, 105, de 3 de mayo de 2023. https://participem.gva.es/va/projecte-de-llei-de-participacio

Ley Orgánica 3/2007, de 22 de marzo, para la igualdad efectiva de mujeres y hombres. Boletín Oficial del Estado, 71, de 23 de marzo de 2007. https://www.boe.es/buscar/act.php?id=BOE-A-2007-6115

Ley 14/2008, de 18 de noviembre, de Asociaciones de la Comunitat Valenciana. Boletín Oficial del Estado, 294, de 6 de diciembre de 2008. https://www.boe.es/buscar/doc.php?id=BOE-A-2008-19735

Ley 8/2022, de 29 de diciembre, de medidas fiscales, de gestión administrativa y financiera, y de organización de la Generalitat. Boletín Oficial del Estado, 52, de 2 de marzo de 2023. https://www.boe.es/eli/es-vc/l/2022/12/29/8

Maquieira d'Angelo, Virginia. (1995). Asociaciones de mujeres en la comunidad autónoma de Madrid. En Margarita Ortega López (Ed.), Las mujeres de Madrid como agentes de cambio social (263-324). Instituto Universitario de Estudios de la Mujer (Universidad Autónoma de Madrid).

de Miguel, Ana. (2015). Neoliberalismo sexual. El mito de la libre elección. Ediciones Cátedra.

Morán Calvo-Sotelo, María Luz. (2011). La cultura política de las mujeres. Un campo de estudio todavía por explorar.

Psicología política, 42, 45-68.
https://www.uv.es/garzon/psicologia%20politica/N42-3.pdf

Morán Neches, Lorena y Rodríguez Suárez, Julio. (2022). Perspectiva y análisis en las investigaciones sobre movimientos sociales y feminismos en el contexto español: una revisión sistemática. Feminismo/s, 39, 211-240.

Murillo de la Vega, Soledad y Rodríguez Prieto, Rocío. (2003). Ciudadanía activa. Asociacionismo de mujeres. SN Editorial.

Nàcher Escartí, Mar. (s.f.). Militàncies cremades. Cap a una sostenibilitat emancipadora de la militància feminista al País Valencià (Trabajo fin de Grado, Universitat de València). https://www.algemesi.es/sites/www.algemesi.es/files/files/Joventut/militancies_cremades._mar_nacher_escarti_0.pdf

Ortega López, Margarita., Matilla, Mª Jesús., Frax, Esperanza., Folguera, Pilar., Vara, Mª Jesús., y Maquieira, Virginia. (1995). Las mujeres de Madrid como agentes de cambio social. Instituto Universitario de Estudios de la Mujer (Universidad Autónoma de Madrid).

Ripio Rodríguez, Vanesa. (2017). Sobrevivir simbólicamente para participar libremente. En Jone Martínez-Palacios (Coord.), Participar desde los feminismos (111-144). Icaria.

Rodríguez Borrachero, Isabel María y Centella Moyano, Miguel (2016). La función social del asociacionismo femenino. Un acercamiento a través de la Federación de Mujeres Comarca Sierra-Suroeste. Revista de Estudios Extremeños, tomo LXXII nº 3, 1517-1560. https://dialnet.unirioja.es/servlet/articulo?codigo=5863351

Sabuco Cantó, Assumpta. (2013). El papel de las asociaciones andaluzas de mujeres y el feminismo transnacional: a modo de reflexión. En Escalera Reyes, Javier y Coca Pérez, Agustín (Coords.), Movimientos sociales, participación y ciudadanía en Andalucía (117-141). Aconcagua Libros.

Sánchez Santa-Bárbara, Emilio y García Martínez, J. Miguel Ángel. (2001). Análisis de las motivaciones para la participación en la comunidad. Papers, 63/64, 171-189. https://doi.org/10.5565/rev/papers/v63n0.1212

Serrano Cobos, Pablo y Guillotte, Valérie. (2020). El poder de las asociaciones. Universo de letras.

Subdirección General de Asociaciones, Archivos y Documentación (Ministerio del Interior) (2017). Guía de asociaciones (2ª ed.).
https://www.interior.gob.es/opencms/pdf/servicios-al-ciudadano/asociaciones/Guia-de-asociaciones-2-edicion.pdf

Subirats i Humet, Joan. (2011). ¿Qué democracia tenemos?, ¿Qué democracia queremos? Historia Actual Online, 26, 115-132.
https://doi.org/10.36132/hao.voi26.620

Universitat de València. (s.f.). Càtedra L'Horta de València: patrimonio, vida, futur sostenible.
https://www.uv.es/catedra-horta-valencia/ca/catedra-horta/sobre-catedra.html

Valcárcel, Amelia. (Febrero, 2000). La memoria colectiva y los retos del feminismo. VIII Conferencia Regional sobre la Mujer de América Latina y el Caribe, Lima, Perú. https://hdl.handle.net/11362/5877

del Valle Murga, Teresa. (2001). Asociacionismo y redes de mujeres ¿Espacios puente para el cambio? Hojas de Warmi, 12, 131-151. https://institucional.us.es/revistas/warmi/12/10.pdf

Varela, Nuria. (2005). Feminismo para principiantes. B de Bolsillo.

Varela, Nuria. (2019). Feminismo 4.0 La cuarta ola. Penguin Random House Grupo Editorial.

Vargas Valente, Virginia. (1991). Apuntes para una reflexión feminista sobre el movimiento de mujeres. En Lola G. Luna (Comp.), Género, Clase y Raza en América Latina (195-204). Universidad de Barcelona.

Yeves Bou, María Teresa. (2014). Asociaciones de mujeres y movimiento feminista (Tesis doctoral, Institut Universitari d'Estudis de la Dona - Universitat de València). Roderic. http://hdl.handle.net/10550/38755

ANEXO

ENTREVISTA A LAS ASOCIACIONES

Nombre de la asociación:
Dirección:
Localidad:
Año de creación de la asociación:
Número total de mujeres asociadas:
Año de constitución de la última Ejecutiva:
Nombre y dos apellidos de la presidenta:
Teléfono de contacto:
Correo electrónico:
Página web/Blog:
Redes sociales (Instagram, Facebook, X, YouTube...):

1) Descripción, lo más amplia posible, de la asociación (que incluya el objetivo u objetivos generales), así como de los talleres y actividades que desarrolláis.

2) ¿Vuestra asociación está registrada?

a) Sí, en el Registro de Asociaciones de la Comunitat Valenciana.

b) Sí, en el Registro del ayuntamiento del municipio.

c) No está registrada en ningún sitio, pero contamos con normas que rigen el reparto de funciones, la toma de decisiones, etc.

d) No está registrada y tampoco contamos con normas internas de funcionamiento.

3) ¿Cuál es el ámbito territorial de actuación de la asociación?

a) Barrial.

b) Municipal.

c) Autonómico.

d) Estatal.

e) Internacional.

4) Señalad en qué tipología de asociación encuadráis a vuestra organización. Podéis señalar más de una, si fuera el caso.

a) Conciencia feminista: asociaciones que hacen de la vindicación y la reflexión sobre el feminismo su principal fuente de contenidos y actividades.

b) Conciencia feminista en las organizaciones: representan "el área" de la mujer en organizaciones mixtas como partidos políticos, sindicatos, etc.

c) Promoción sociocultural: son aquellas asociaciones que centran sus intereses en torno al desarrollo personal, la promoción educativo-cultural y/o la participación en actividades grupales (labores, actividades de ocio, artesanía...).

d) Promoción sociocultural con perspectiva feminista: asociaciones del grupo anterior (c) a las que se le suma la reivindicación o conciencia feminista.

e) Asociaciones con fines sectoriales: aquéllas cuyas asociadas buscan unir sus esfuerzos en torno a un tema muy concreto. Ej: madres contra la droga, madres lactantes, asociaciones de viudas, asociaciones de mujeres divorciadas, etc.

f) Profesionales: son aquéllas agrupadas en torno a la defensa y potenciación de una determinada actividad laboral o campo profesional. Ej: asociaciones de abogadas, empresarias, docentes, etc.

g) Bienestar social/asistenciales: aquellas entidades que sustituyen los servicios sociales que deberían prestar las Administraciones públicas, es decir, son asociaciones que desarrollan actividades dirigidas a la atención, ayuda y orientación de diversos sectores de mujeres en situación de carencia y desamparo. Ej: asociaciones de ayuda a víctimas de violencia de género, consulta jurídica para mujeres, ayuda psicológica para mujeres, servicios de bolsa de empleo para mujeres, etc.

h) Vecinales: asociaciones cuyo ámbito de actuación consiste en dinamizar su entorno local (fiestas, etc.) y que están integradas, en su gran mayoría, por mujeres.

i) Inmigrantes: son aquéllas encaminadas a informar y orientar a las mujeres inmigrantes.

j) Promoción laboral: asociaciones que tienen como objetivo la capacitación de las mujeres para su incorporación al mercado de trabajo.

k) Promoción de la salud: asociaciones cuyos objetivos son la información y divulgación en temas de salud que atañen a las mujeres.

l) Deportivas: asociaciones que tienen como objetivo el desarrollo de actividades deportivas.

5) Señalad dentro de qué grupo de objetivos encuadraríais a vuestra asociación. Podéis señalar más de uno.

a) Promoción de actividades socioculturales y de ocio para las mujeres (mejorar el nivel cultural de las socias, garantizar el acceso a la cultura de las mujeres de la zona, viajes, charlas, música, baile...).

b) Promoción de la cultura a través del arte, de la música, del teatro o del folklore.

c) Promoción de la participación ciudadana y política de las mujeres.

d) Fomento de las investigaciones de mujeres y sobre mujeres.

e) Apoyo profesional/asistencial: jurídico, psicológico, laboral o en materia de salud para las mujeres.

f) Formación no reglada (organización de cursos de distinta índole).

g) Reivindicación de derechos y oportunidades para las mujeres (conciencia feminista).

h) Prevención de la violencia.

i) Defensa de los derechos de las personas refugiadas y/o inmigrantes.

j) Defensa de los derechos humanos de las mujeres.

k) Cooperación internacional desde una perspectiva feminista.

l) Otros (indicad cuáles):

6) ¿La asociación recoge expresamente en sus estatutos la finalidad de promover la igualdad de oportunidades entre mujeres y hombres?
   a) Sí.
   b) No.

7) ¿Os definís o autopercibís como una asociación feminista?
   a) Sí.
   b) No.

8) ¿Con qué frecuencia la Junta Directiva realiza reuniones ordinarias?
   a) Varias veces al mes.
   b) Una vez al mes.
   c) Trimestralmente.
   d) Anualmente.
   e) Indeterminadamente.

9) Sobre el perfil de las socias por edad, marcad aquella franja de edad que defina mayoritariamente a las asociadas:
   a) Menos de 30 años.
   b) Entre 30-45 años.
   c) Entre 45-65 años.
   d) Más de 65 años.

10) Marcad el nivel de estudios que defina mayoritariamente a las asociadas:
   a) Básicos (los obligatorios por la ley).
   b) Medios (Bachillerato o Formación Profesional).
   c) Superiores (estudios universitarios).

11) Sobre el trabajo de las socias, marcad el grupo que defina mayoritariamente a las asociadas:

a) Amas de casa.

b) Asalariadas.

c) Autónomas.

d) Estudiantes.

e) En paro.

12) ¿Cuál diríais que es la situación de vuestra asociación en los últimos 5 años?

a) De un aumento en el número de socias.

b) De una disminución en el número de socias.

c) Nos mantenemos con el mismo número de socias.

13) ¿Tenéis dificultades a la hora de renovar la Ejecutiva de vuestra asociación?

a) Sí.

b) No.

14) Si la respuesta anterior ha sido afirmativa, ¿a qué creéis que se debe?

a) Hay una falta de candidatas a iniciar el relevo.

b) No os renováis porque la Ejecutiva actual no quiere ser sustituida por otra.

c) No os renováis porque no queréis, ya que consideráis positivo que un equipo esté muchos años en la Ejecutiva para adquirir experiencia, contactos, etc.

d) En nuestra asociación no tenemos ni presidenta ni secretaria ni vocales. Lo que hacemos es elegir, en cada momento y para cada actividad concreta, a un grupo de personas para desarrollarla.

e) Otros motivos:

15) Sobre la sede de vuestra asociación, contáis con:
   a) Local cedido (por un organismo público).
   b) Local cedido (por una entidad privada o persona particular).
   c) Local en alquiler.
   d) No tenéis local.
   e) Local en propiedad.
   f) Otros:

16) ¿Recibís alguna subvención del ayuntamiento de vuestro municipio? Si es así, indicad la cantidad que más se aproxime a esa subvención.
   a) Menos de 1.000 euros al año.
   b) Entre 1.000 y 3.000 euros.
   c) Entre 3.000 y 6.000 euros.
   d) Más de 6.000 euros.

17) ¿Disponéis de alguna otra fuente de financiación?
   a) Subvenciones provinciales/autonómicas/estatales/europeas.
   b) Cuotas de las socias.
   c) Otros ingresos (donativos, explotación de recursos, servicios que ofrecéis, lotería...).

18) ¿Disponéis de una partida presupuestaria estable en el tiempo o cada año os enfrentáis a no saber de qué dinero dispondréis?
   a) Disponemos de un presupuesto anual fijo.
   b) No disponemos de un presupuesto anual fijo.

19) ¿Creéis que hay diferencias en el dinero que reciben en subvenciones las asociaciones de vuestro municipio

dependiendo de la adhesión que muestren con el partido que ostenta la representatividad mayoritaria de la corporación municipal?

a) No existe diferencia. El ayuntamiento actúa de manera imparcial.

b) Sí que existe diferencia. El ayuntamiento no es imparcial en el reparto de las subvenciones.

20) ¿Qué tipo de actividades realizáis, tanto internamente (para las socias) como externamente? Marcad tantas como consideréis.

a) Actividades culturales (conferencias, charlas, jornadas, visitas a museos...).

b) Actividades recreativas/de ocio y tiempo libre (excursiones, viajes, bailes, pintura, manualidades, artesanía, teatro, comidas, fiestas...).

c) Cuidado y desarrollo personal (yoga, gimnasia, defensa personal).

d) Desarrollo psicosocial, estimular la autoestima.

e) Asistencia sanitaria.

f) Promoción de la salud.

g) Actividades vecinales.

h) Acciones de ayuda de voluntariado.

i) Cooperación al desarrollo en el Tercer Mundo.

j) Reivindicación feminista.

k) Formación en igualdad.

l) Actividades para promover la igualdad entre sexos.

m) Formación general (educación).

n) Coeducación.

o) Desarrollo medioambiental.

p) Estudios e investigación.

q) Asesoramiento (jurídico, laboral, etc.).

r) Actividades de tipo profesional o laboral (cursos de inserción laboral, informática, idiomas, creación de empresas...).

s) Actividades dirigidas a colectivos y/o problemáticas específicas: inmigrantes, mujeres maltratadas, discapacitadas, mujeres marginadas socialmente...

t) Actividades deportivas.

u) Información en materia de consumo.

v) Creación literaria.

w) Ámbito ideológico/político.

x) Actividades de tipo religioso.

y) Actividades para mujeres embarazadas/lactantes.

21) Indicad el número aproximado de actividades que organizáis al año y que son de tipo permanente, es decir, que organizáis año tras año. Indicad también el número aproximado de actividades puntuales que organizáis al año.

a) Número de actividades permanentes al año:

b) Número de actividades puntuales al año:

22) ¿Quiénes son las personas beneficiarias de vuestras acciones/programas/actividades? Indicad el porcentaje al lado de cada una de las opciones.

a) Las asociadas: %

b) Otros colectivos (ej: ONG): %

c) Toda la sociedad: %

23) ¿Formáis parte de la Federació de dones i col.lectius per la igualtat de l'Horta Nord?

a) Sí.

b) No.

24) Si la respuesta anterior ha sido negativa, ¿podéis señalar el motivo o motivos?

   a) Formamos parte de ella en el pasado, pero no cubrió nuestras expectativas y preferimos salirnos.

   b) Formar parte de una federación supone más trabajo, y no queremos más complicaciones.

   c) Identificamos a la Federación con la política y nosotras no queremos estar en contacto directo con ella.

   d) Formar parte de una federación supone tomar decisiones con otras mujeres de otras asociaciones que no forman parte de la esfera próxima de nuestra actividad.

   e) Otros motivos:

25) ¿Formáis parte de alguna otra Federación o Coordinadora o Plataforma o Asamblea? ¿De cuál/es?

26) Además de las "Trobades anuals d'associacions de dones de l'Horta Nord organizadas por la Federació de dones i col.lectius per la igualtat de l'Horta Nord (si fuera vuestro caso), ¿hacéis algunas otras iniciativas de manera conjunta (manifestaciones, conferencias, actividades...) con otras organizaciones de mujeres? Si la respuesta es afirmativa, por favor, enumerad las actividades que lleváis a cabo conjuntamente.

27) ¿Con qué frecuencia diríais que establecéis relaciones con otras asociaciones (de vuestro municipio o de municipios próximos)?

   a) Mantenemos relaciones frecuentes.

   b) Mantenemos relaciones puntuales.

   c) No mantenemos relaciones con otras asociaciones.

28)¿Existe un Consejo de la igualdad/de la mujer/de participación ciudadana/vecinal en vuestro municipio?
   a) Sí.
   b) No.
   c) No lo sabemos.

29)Si os consta que existe, ¿formáis parte de él?
   a) Sí.
   b) No.

30)Si la respuesta anterior ha sido negativa, ¿podéis señalar los motivos?
   a) En el pasado formamos parte de él, pero no cumplió nuestras expectativas y lo abandonamos.
   b) Son la "Administración", es decir, la misma institución que nos concede (o no) las subvenciones.
   c) Preferimos mantenernos en un ámbito completamente independiente al de la Administración local.
   d) Otros motivos:

31) ¿Cómo definiríais el grado de colaboración del ayuntamiento de vuestro municipio con vuestra asociación?
   a) Muy adecuado.
   b) Adecuado.
   c) Insuficiente.
   d) No hay relación.

32)Señalad todos los aspectos que creéis que deben mejorar en la relación del ayuntamiento con vuestra asociación:
   a) Los criterios y/o requisitos de concesión de las

subvenciones no son transparentes/claros.

b) El procedimiento administrativo para conseguir una subvención es muy complejo (plazos, justificaciones, gestiones...).

c) Las partidas destinadas a subvenciones para las asociaciones son insuficientes.

d) La lentitud en los pagos.

e) El ingreso de las subvenciones se realiza con posterioridad a la realización de la actividad, por lo que tenemos que adelantar el dinero.

f) La cuantía de las subvenciones cambia de año en año, por lo que es difícil hacer previsiones a medio plazo.

g) La asistencia técnica, es decir, la ayuda para resolver cuestiones sobre subvenciones y convocatorias, para la confección de proyectos, para la contabilidad de la asociación, para solventar aspectos organizativos internos, etc., no es suficiente.

h) Las infraestructuras que ofrecen para las asociaciones de mujeres son deficientes (materiales, equipamiento, medios informáticos, internet, tamaño de la sala para poder desarrollar actividades grupales...).

i) El aporte del ayuntamiento para que se cedan locales municipales es insuficiente.

j) El ayuntamiento no cuenta con nuestra asociación como debería (en la realización de jornadas, en la participación en Consejos Municipales, etc.).

k) Hay una disparidad entre las prioridades fijadas por la Administración y las necesidades de los propios colectivos.

l) Otros aspectos:

33) Señalad cuantas carencias creéis que tenéis como asociación:

a) Falta de medios materiales y/o económicos.

b) Falta de medios para responder a las demandas de las mujeres asociadas.

c) Cubrimos servicios que deberían cubrir las distintas administraciones, y no nosotras.

d) Falta de reivindicación o concienciación social.

e) Falta de acciones concretas para el cambio.

f) Falta de tiempo por problemas de conciliación de la vida familiar y la vida social.

g) Estrategia inadecuada.

h) Falta de captación de socias.

i) Envejecimiento progresivo de la asociación.

j) Falta de formación y preparación para la gestión y administración de la asociación.

k) Falta de formación sobre comunicación externa (cartelería, redes sociales, captación de socias, difusión de actividades).

l) Falta de intercambio de experiencias y/o realización de proyectos conjuntos con otras asociaciones de mujeres (del propio municipio o de otros municipios de la comarca).

m) La dependencia económica con la política de subvenciones.

n) La utilización política que se hace de nuestras acciones.

o) El desconocimiento del sistema burocrático, es decir, las dificultades en el acceso a la información y a la tramitación para acceder a las subvenciones públicas.

p) Falta de implicación y compromiso de las socias

para organizar las actividades.

q) Falta de democracia interna.

r) Falta de estructura de la asociación, es decir, de reglas de funcionamiento interno, de reparto de tareas, de asunción de responsabilidades, de transparencia, etc.

s) Otras:

34) ¿Creéis que la gente de vuestro municipio conoce, en general, la existencia de vuestra asociación? Es decir, ¿tenéis suficiente visibilidad?

a) Sí, la gente nos conoce. Tenemos suficiente visibilidad.

b) No, hay muy poca gente que nos conoce. Tenemos poca visibilidad en el municipio.

35) ¿Fomentáis la incorporación de nuevas mujeres en la asociación?

a) Sí, intentamos darnos a conocer para que más mujeres se unan.

b) No, pero nos gustaría, aunque no sabemos cómo hacerlo.

c) No, no estamos interesadas en ampliar el número de socias.

d) Otros:

36) ¿Os gustaría que vuestra asociación tuviese presencia (o más presencia) en Internet (web, redes sociales...)?

a) Sí.

b) No.

37) Si la respuesta anterior ha sido afirmativa, ¿qué os lo

impide?

   a) La brecha digital, es de cir, no nos sabemos mover con soltura en Internet.

   b) No hay ninguna socia que se quiera comprometer a hacer esa labor.

   c) Otros motivos:

38) ¿Qué sistemas de comunicación y transparencia utilizáis?

   a) Tenemos una página web/blog con información actualizada.

   b) Tenemos redes sociales que utilizamos habitualmente.

   c) Realizamos documentos, informes, publicaciones...

   d) Elaboramos una memoria anual de actividades.

   e) Elaboramos una memoria anual económico-financiera.

   f) Realizamos auditorías externas.

   g) Realizamos folletos informativos, carteles, trípticos...

   h) Realizamos charlas, conferencia, talleres, exposiciones...

   i) Elaboramos manifiestos.

   j) Enviamos comunicados y/o artículos a los medios de comunicación.

   k) Nuestros estatutos son públicos, de modo que cualquier persona puede consultarlos.

   l) Otros:

39) ¿Os gustaría que existiera una web con información (objetivos, lugar de reunión, actividades...) de todas

las organizaciones de mujeres que existen en la comarca de l'Horta Nord?

a) Sí.

b) No.

40)¿Qué creéis que aporta la asociación a las socias? ¿Y
qué aportan las socias a la asociación?

ACERCA DE LA AUTORA

Sofía Capilla Torres es periodista y feminista, profesora de Formación Profesional de Imagen y Sonido, y máster en Género y Políticas de Igualdad por la Universitat de València. Fue responsable de la edición del libro *Mujeres: espacio y arquitectura* (1999), y redactora de *Un billete de ida: éxodo rural de mujeres a Quart de Poblet* (2022), además de participar en la producción de un documental bajo el mismo título. Tiene el honor de haber sido reconocida por su contribución a fomentar la igualdad real entre hombres y mujeres por el Ajuntament de Moncada (València).

www.ingramcontent.com/pod-product-compliance
Lightning Source LLC
Chambersburg PA
CBHW021137260726
48656CB00023B/172

9798336816815